Subversive

颠覆你认知的通俗人文经济学

Humanistic Economics

张志国 著

中国发展出版社
CHINA DEVELOPMENT PRESS

◢目 录◣

第一章

发达国家富裕状况及分析

第二章
勤俭因素对经济发展的影响

第三章
社会制度对经济发展的影响

第四章
人口数量因素对经济发展的影响

第五章 其他因素对经济发展的影响

第一章

发达国家富裕状况及分析

第一节 北欧五国概况

> 北欧紧邻西欧与中欧，可以享受欧洲巨大的市场规模效益，并受益于欧洲的人口规模效益。这是北欧国家相对与之类似的澳大利亚和新西兰的重要优势，它弥补了北欧国家人口数量不多带来的市场和人口规模效益较小的缺点。

北欧五国地处西欧北部，包括大西洋北端的冰岛，斯堪的纳维亚半岛上的挪威与瑞典，波罗的海东岸的芬兰和德国北部的半岛国家丹麦。

寒冷的气候是导致北欧五国人口稀少的重要原因，也因为如此，这五国的人均自然资源比较丰富。北欧五国拥有丰富的渔业资源和旅游资源，金融业也很发达。

挪威、瑞典、芬兰的北部地区人口极为稀少，存留大量的原始针叶林，这是三国的重要自然资源，以此为基础，三国的木材加工业和造纸业都很发达。北大西洋暖流给斯堪的纳维亚山脉带来了丰富的降水，因此挪威与瑞典的水资源很丰富，有利于两国发展廉价的水能电力产业和有色金属冶炼产业。这两大产业的高产值和高附加值给两国人民增加了收入，对他们过上悠闲的生活帮助很大。

丹麦是北欧五国中最靠南、相对最暖和、平均海拔最低、平原面积比例和人口密度最大的国家，其优先发展的产业是农业和乳畜业。

挪威在中世纪的某个时期曾是海盗的天堂，产生了一条龙为海盗服务的产业体系，造船业就是其中的重要一环——当然，挪威现在造船业也很发达。

北海丰富的石油资源为挪威经济锦上添花。受益于此，挪威人均收入居于欧洲第二（第一是小国卢森堡）。这种排名状况已持续多年。

芬兰人均收入是北欧五国中最低的一个。原因可能如下：首先，相对挪威和丹麦，芬兰人均石油资源少。其次，相对挪威和瑞典，芬兰人均水能资源少。第三，相对挪威和冰岛，芬兰人均渔业资源少。最后，芬兰与苏联（俄罗斯）相邻，这导致其军事压力大，人均军事开支比北欧其他国家高一些［挪威的北部人口稀少区域与苏联（俄罗斯）也是相邻的，但是受到的军事压力相对芬兰要小许多］。

北欧紧邻西欧与中欧，可以享受欧洲巨大的市场规模效益，并受益于欧洲的人口规模效益。这是北欧国家相对与之类似的澳大利亚和新西兰的重要优势，它弥补了北欧国家人口数量不多带来的市场和人口规模效益较小的缺点。

北欧可以说是欧洲最富裕的地区。由于族群构成单调，人类天赋的奉献精神或博爱精神更容易在这些国家中发扬光大，这也导致了北欧的高福利现状。而北欧人口高度勤劳的经济天赋，也较大程度地避免了高福利可能引起的某些缺陷，有利于高福利制度的长期持续。北欧国家甚至被有些人称为“真正的社会主义国家”。

北欧人口性格相对内向，不太善于歌舞，这一点与东亚农耕人口有些类似。北欧人口的勤劳、节俭以及高智商水平，应该是北欧国家高度富裕的根本原因。

北欧经济上虽然拥有许多亮点，比如人均收入特别高，但由于人口数量太少（2013年北欧五国人口加到一起才2508万人），甚至不到英国人口的一半，因此导致其在国际上的总体地位并不特别高。

第二节　感受希腊的债务危机

希腊借钱消费的现状显示了其汇率GDP被高估的事实，即希腊的实际汇率GDP比现在要低一些，其在经济方面与北欧国家的实际差距要比现在大一些。

希腊政府大量借钱，导致了国家性的债务危机。这种做法也违背了欧元区的协议规定，导致欧元区其他国家很不满。比如，希腊的财政赤字占GDP的比重曾高达12%，远远超过欧元区设定的3%上限。为此，希腊不得不减少政府开支和福利开支，但这又引起了希腊国民的强烈抗议。

希腊拥有一群消费率高、储蓄率低的国民，其国民的生活水平超过了生产水平，这是希腊债务危机的根源。希腊政府大量向外国借钱，债务总额占GDP的比重一度达到110%。也许有人认为，日本近几年的债务水平甚至是其GDP的200%，为什么没有爆发债务危机呢？因为日本借的主要是内债，即政府借自己国民的钱，而希腊则主要是外债，二者性质不同。

希腊人生活水平之所以超过生产水平，原因主要有两个：一是希腊国民天生热爱消费，这是其与北欧其他国家国民的重大不同，也是希腊政府收入较少的重要原因。第二，希腊是民主政体，政客们为了取悦国民，大搞超过希腊生产水平的福利或开支（如举办雅典奥运会，要知道小国办大奥运是很吃力的），透支希腊财富。国内储蓄不足，导致希腊国内欧元收入不足，政府入不敷出，只好向外国大量借款。如此，危机便产生了。

借钱的国家的汇率GDP会被高估，而被借钱的国家的汇率GDP会被低估。如德国这类高储蓄率国家、资本输出国家或外贸长期顺差国家，汇率GDP都会被低估，日本和中国汇率也是如此。希腊借钱消费的现状显示了其汇率GDP被高估的事实，即希腊的实际汇率GDP比现在要低一些，其在经济方面与北欧国家的实际差距要比现在大一些。

所以在此顺便建议中国政府，对掌握的外汇进行投资时应谨慎，尽量不要往这些热爱消费的国家投资，因为这些国家的投资风险比较高。可问题又来了，那些不爱消费的国家，常常不太需要资本或金融投资，所以资本或金融投资往往跑到爱消费但投资风险高的国家那里。这确实是个难题。

第三节 生产能力大于消费能力的德国

德国的外贸顺差原因与中国大陆有所不同。德国的外贸顺差主要是由于德国国民热爱进行财富储蓄，生产的财富多于消耗的财富导致的，而中国的外贸顺差则主要是由于外汇市场不自由，人民币被低估导致的。

德国国民总体上比较节俭，加上创造财富的能力较大，因此国民生活水平很高。德国国民勤劳、节俭，智商又高，是世界财富的重要创造者，对推动世界经济发展作用也很大。

在国际贸易方面，德国长期保持顺差。德国联邦统计局数据显示，2013年，德国的出口总额较上一年减少0.2%，但仍然高达10940亿欧元；同时进口贸易额下降1.2%，仅为8950亿欧元。这使得德国2013年的贸易顺差达到1989亿欧元，排名世界第一。

但是，德国的外贸顺差原因与中国大陆有所不同。德国的外贸顺差主要是由于德国国民热爱进行财富储蓄，生产的财富多于消耗的财富导致的，而中国的外贸顺差则主要是由于外汇市场不自由，人民币被低估导致的。

按照正常情况，若一个国家出口规模远大于进口规模，则会导致该国获得的外币过剩，使外币贬值，从而引起本国货币升值，使国际贸易最终走向平衡。可为什么德国能长期保持商品出口规模大于进口规模的状况？唯一原因就是德国人热爱储蓄，节余的财富被大量投资到国内外。基本上，德国有多少外贸顺差，就有多大的海外投资规模。从长期看，德国对外投资（包括金融投资）的额度与德国贸易顺差的大小是一致的。长久而稳定的贸易顺差，使德国成为世界上重要的国际投资资本来源国。这一点和日本类似。

可以判断，德国货币（如果有单独货币的话）被低估了，德国汇率GDP被低估了，德国实际的GDP要比现在高一些。

德国的外贸顺差主要来自欧元区。德国通过贸易获得的欧元，又通过资本投资（包括金融投资）流向德国之外的其他欧元区，这就使这些流出货币的欧元区并不缺乏欧元，也不缺乏消费（包括投资消费）。德国的这种贸易顺差模式对美国没有影响，因为这些贸易使用的欧元而非美元。如果德国在欧元区之外的贸易顺差使用的是美元的话，则会对美国产生更大的影响。

德国的外贸顺差效果与中国大陆的外贸顺差效果有所不同。

首先，德国是成熟发达的市场经济国家，内部投资比较充分，因此保持外贸顺差没有大的危害；而中国本身是发展中国家，国内需要大量投资，因此把宝贵的财富通过顺差模式转移出去，是件很可惜的事。

其次，德国的外汇（大部分是欧元）掌握者主要是私人或私人公司；而中国的外汇掌握者是政府相关机构。通常而言，私人或私人公司的对外投资效果一般要比政府机构的对外投资效果好许多。

再次，德国贸易顺差获得的外汇（大部分是欧元）不会导致本国货币（欧元）被滥发；而中国贸易顺差获得的外汇，很可能会导致人民币被大量发行。

最后，德国利用外贸顺差获得的货币，大部分会以企业实业投资的模式返还给逆差区域或国家；而中国外贸顺差获得的美元，却主要以金融投资的模式返还给美国。实业投资与金融投资对经济的影响效果明显不同，前者相对而言，对被投资国的经济发展更有好处。

第四节　国际货币美元带给美国的好处

随着世界经济的发展及美元的贬值，美国之外的国家需要越来越多的美元，这使得美国可以用极低的成本印刷美元纸币来购买各国商品。仅此一项，美国每年就可以向世界各国征收至少上千亿美元的货币税。

美元是国际通用货币，这为美国带来了极大好处，而且这些好处几乎都可以用货币来衡量。

首先，作为国际货币的美元被国际市场高估了价值。美元被高估，可以使美国生产的商品被以一个较高的价格出售。据美国商务部普查局数据显示，2013年美国出口商品（包括服务）金额为22720亿美元；如果美元不被高估，美国也许还会出口这么多数量的商品，但是实际价格就会低一些（用其他货币衡量）。

美元被高估，可以使美国用相同的美元购买更多的外国商品。比如，美国2013年的进口货物（包括服务进口）价值为27819亿美元，如果美元的市场价值没有被高估，进口同样多的商品就需要付出更多美元。假设美元被高估了10%，则意味着美国2013年购买同样的商品少支付了约2782亿美元。由此可见，通过市场规则被高估的美元，给美国带来了多么巨大的好处。

其次，美元的国际货币身份使得美国通过印刷美元向包括中国在内的各国征收了巨额国际货币税（铸币税）。随着世界经济的发展及美元的贬值，美国之外的国家需要越来越多的美元，这使得美国可以用极低的成本印刷纸币来购买各国商品。仅此一项，美国每年就可以向世界各国征收至少上千亿美元的货币税。而且，这种税几乎是各国心甘情愿被征收的，尤以中国被征收最多，每年都要“上缴”几百亿美元。值得一提的是，美国征收的国际货币税是其贸易逆差的重要来源之一。

第三，美元的国际货币身份还给美国带来了廉价的资本。这使美国接收了来自包括中国在内的各国廉价资本，增加了美国国内的资本投资，也促进了美国国民的消费行为，提高了国民福利。美元的国际货币身份，导致美国有资格轻松地长期保持贸易逆差局面。长期的贸易逆差不是每个国家都可以承受的，而作为国际货币的发行国，美国有此特权。这使得美国国民每年可以轻易地多消耗几千亿美元的商品，提高生活质量。也就是说，巨大的贸易逆差给美国国民带来了更高质量的生活享受，这是美元国际货币身份带给美国人民的最大收益。

在这里需要澄清一个事实，即贸易逆差与失业率并没有必然关系。长期稳定的贸易逆差状态，对失业率没有影响；变化的贸易逆差状态，才会对失业率产生影响。逐渐增大的贸易逆差会提高失业率，而逐渐减少的贸易逆差，则会降低失业率。美国因为保持长期稳定的贸易逆差状态，所以其失业率不会因此而上升。所以说，美元被高估导致的美国贸易逆差状态，并没有我们想象中的那么有危害，而其收益却是巨大的，这也是美国能容忍贸易逆差长期存在的根本原因。贸易逆差局面在美国已经存在40多年了，并将长期持续下去。美国难以容忍的是突然增大的贸易逆差，只要贸易逆差缓慢增大或保持某个比例增长，美国是可以接受的，甚至是乐意接受的。

2013年的统计表明，美国人均GDP比日本和德国人均GDP都要高一些，这主要是由美元被高估导致的，并不绝对真实地反映了三个国家的公民福祉。美元价值被高估是由于其国际货币地位所致，而且这种地位将促使美元价值可以稳定地、持续地被高估。

延伸阅读：成为国际货币的基本条件

第一，货币国际发行国的经济规模必须比较庞大。这是重要的基本条件。因为经济规模小了，会难以适应国际贸易的正常和非正常波动，危害本国的经济发展，而且还会危害参与国际贸易的其他各国经济。美国是世界上最大的经济体，拥有抗衡国际贸易波动的最大能力，可以最大限度地熨平国际贸易波动，同时使这种波动对国际货币（美元）发行国（美国）的危害降为最小。

第二，国际货币必须可以自由兑换。这是保证国际货币信誉的重要条件。人民币如果想成为重要的国际货币，首先需要突破这个限制。

第三，国际货币发行国需要有良好的信誉。国家信誉不是一天两天炼成的，而需要慢慢培养，为其他国家认可。所以国际货币的发行国必须拥有良好的、值得信任的法律体系，稳定的、让人满意的社会制度或政府体系，这样才能给使用这个国家货币的国家以安全感。现在的欧盟与美国都比较符合这个条件。

第四，成为国际货币的货币发行国，还需要拥有庞大的国际贸易能力，较深入地参与到国际贸易中去。在国际贸易中占的份额越大，本国货币越有可能成为国际货币。中国在这方面比较有优势。

第五，国际货币的发行国，总体国际贸易不能保持顺差，只能保持逆差或平衡。别国如何拥有大量的国际货币？基本是通过国际货币发行国的贸易逆差来实现的。不存在贸易逆差，就无法让货币流转到别国。在这一点，中国还差得很远。

第五节 日本为什么难以赶上美国

> 美国相对日本多一倍的人口数量，是导致日本难以超越美国的根本原因。美国与日本的人口素质相差不大，影响发展的根源，是人口数量。

在20世纪80年代，日本发展势头良好，似乎有取替美国之势头。日本GDP总量甚至达到了美国的60%附近，经济形势一片大好。谁知日本很快进入经济停滞期，在经济、科技上与美国的差距逐渐拉大。日本难以赶上美国，其原因主要有哪些呢？

1. 日本人口老龄化严重

日本经济停滞的重要原因是人口的老龄化，以及由此带来的劳动力数量的减少。老龄化使得社会供养负担加重，同时劳动力人口比例下降。劳动力对于日本这类高储蓄率、高投资率的国家发展非常重要，不断增长的劳动力可以增加人口的规模效益和密度效益，进而提高社会与经济运行效率；可以促使日本经济投资高效率地扩张，带来国民的良好预期。越是发达国家，人口增长带来的经济增长效应越明显。反之，劳动力数量下降，则会导致经济运行效率下降，使各种投机活动破产，经济迅速增长的势头被遏制。而近几十年来，日本人口老龄化的状况日趋严重，劳动力的增长率也在不断下降中，给经济发展带来了严重的负面影响。老龄化使社会缺乏活力，变得暮气沉沉，减少创新，降低国民投资意愿，这些因素都会使经济趋于停滞。

与此同时，美国人口增长稳定，劳动力数量也有稳定的增长，这有利于美国的经济发展。故相对日本来说，美国具有人口规模效益，这使得美国能继续保持世界上最大的军事开支、最大的科技投入和最大的市场需求国家的地位。

故笔者断言，美国相对日本多一倍的人口数量，是导致日本难以超越美国的根本原因。美国与日本的人口素质相差不大，影响发展的根源，是人口数量。日本国土面积较美国少很多，且本身人口密度已经很大，故在总人口方面难以赶上美国。这是日本经济发展过程中无法克服的硬伤。

也许有人会说，既然人口数量这么重要，日本为什么不大量增加人口呢？首先，人口数量不是想增加就能增加的，在大力鼓励生育的情况下，日本的人口数量依然在减少（从2005年开始日本籍人口开始负增长）。其次，人口数量还与地域面积有关，日本国小地少，无法容纳像美国那么多的人口，这也导致其最终无法在“人”的因素上超越美国。

2. 日本国民的储蓄率过高

在经济高速发展期，日本高储蓄率的人口天赋提高了本国的投资率，促进了基础设施的建设，带来了经济和社会的高效率运行，最终提升了日本的人均GDP。日本国民的高储蓄率天赋还使得一部分资本被投到国外，为外国经济发展做出了贡献。

但是，高储蓄率天赋也使日本面临内需不足的问题。这个问题让日本头疼已久，中国也正面临类似的问题。刺激日本国民消费的主要办法就是提高其自我感觉的财富拥有量。而尽最大可能的私有化是提高国民自我感觉财富拥有量的重要措施。日本应该让能私有的企业尽量私有，这样不仅可提高企业运行效率，还可提高国民自我感觉的财富拥有量，进而刺激消费，提高内需水平，促使市场经济健康发展。此外，大量发行国债也是刺激经济的有效办法。

日本的大量资本被投资到了国外。如果没有投资国外而是投资国内，则会让日本拥有更为完善或更高效率的基础设施，进一步提高社会运行效率和人均GDP；同时也会降低日本国民的储蓄收益，从而导致资本的成本下降：储蓄收益下降了，会促使日本国民储蓄率下降，使更多的钱被用于消费；而资本成本的下降，可以降低企业成本，促使新的投资机会诞生，也可加速企业设备的更新换代，进一步提升社会运行效率和人均GDP水平。

所以日本政府应该鼓励日本国民在国内投资，尽量减少资本外流。日本政府可以通过调整税收来改变国内资本投资的低收益现象，刺激国内投资，这不但对提升社会运行效率很有帮助，还可以提高社会安全系数。

此外，日本还应该拿出更多的钱来加强基础设施建设，比如修建高标准的沿海大堤等。投资基础设施可以刺激内需，降低失业率，也可以减少财富外流，从长远来看可提高日本的综合发展能力。

总之，高储蓄天赋使得日本国内市场需求不足，难以如美国那样长期拥有旺盛的产品需求量。这导致日本企业在发展动力上不如美国，且更倾向于向海外发展，造成了资本外流，一定程度上阻滞了日本国内的经济发展速度。

3. 对农业的过度保护政策

日本是世界上农业关税最高、海关壁垒最严重的发达国家之一（另一个是韩国），哪怕在发展中国家中，也很少有比它的农业关税更高或海关壁垒更严重的国家。过度的农业保护政策使日本农业发展水平相对美国来说，要落后一些。日本为什么会有这样极端的农业保护政策呢?

主要来自思想认识上的危机感。日本认为只有较多的国内食物供应，才能保障安全的食物供应（认为进口食物不利于国内食物供应安全），为了提高国内食物供应的自给率，因此设置了非常高的关税壁垒。这是东亚人近百年来的弱势地位带来的无奈弱势思维。在欧美白人主宰的现代世界，东亚国家之间又矛盾重重，日本自然难以产生西欧小国万事无惧的思维模式。

日本的农业保护政策制定的比较早。那时日本在世界上的地位没有现在高，军事实力也没有现在强，制定这样的政策实属无奈。现在虽然事过境迁，类似的政策已经没有多大的价值了，但由于农业保护政策已经运行很长时间了，早就形成了既得利益群体与对应的农业经济运行状况，想改变已经很困难了。

日本设置的高关税或海关壁垒，促进了国内的食物生产，提高了食物自给率，应该说提高了该国的食品供应安全系数，这是得。有得就有失。失的方面，主要是降低了日本国内农业生产效率和国家经济运行效率，拉低了人均GDP。日本国民需要用较多的货币购买相同或更少的食物，这降低了日本国民的生活水平与生活质量。

随着日本综合国力的提高，它开始考虑利用海外土地。它主动在某些国家租赁土地以生产粮食，来满足国内需求。这确实是提高国内食物供应安全系数的好办法。日本的强大国力可以保障海外租赁土地的安全，也可以保障租赁土地生产的粮食安全运回国内。这个政策的长期顺利推行，也许可以彻底打破日本设置的农业产品进口壁垒与高关税，明显改变日本的农业生产局面。

延伸阅读：广场协定导致日本经济停滞?

从1990年代开始，日本经济趋于不景气，主要的表现是1980年代末的过度投资造成了资产膨胀，以及证券及房地产市场的“泡沫化”，最终在逾放比过高与日元不断升值的作用下，泡沫经济瓦解。政府改革经济的努力也没有取得立竿见影的成效。这一时期失业率攀升，财政赤字庞大，加上奥姆真理教发动的一系列恐怖攻击与阪神大地震，导致社会陷入不安状态中。但这些其实都是日本经济不景气的表面原因，其根源尚需进一步探究。

许多人认为，是广场协定导致了日元大幅度升值，进而导致日本经济停滞。这个看法并不成立。因为一个明显的事实是，日本在升值日元的同时，外贸一直处于顺差状态，并且持续到现在，这确实不正常。根据日本长期保持贸易顺差的事实，可以判断日元是一直被低估的，日元一直没有升值到其应该具备的市场价值。如果日本经济停滞的原因真与日元升值有关，那么也应该归咎于日元升值幅度不够，而不是升值过度。

日本在20世纪70年代进入贸易顺差时代，80年代进入贸易顺差急剧扩大的时代。日本的最大外贸对象是美国，为了限制这种贸易进出口的不平衡，美国弄出了一个广场协议，其主要目的是通过升值日元与德国马克，减少美国与日本、德国的贸易差额。广场协议的实施确实明显升值了日元，暂时遏制了日本贸易顺差的扩大。但是好景不长大家都发现，日元升值并没有持续减少日本贸易顺差，反而经过短暂停滞以后，继续逐步扩大。这说明广场协议没有达到预期目的，也即广场协议不是导致日本经济停滞的原因。

日元升值产生了一个奇特的现象，导致日本人购买外国商品的能力大增，而对日本商品出口的影响却不大，只是出口相同商品可以换回更多外国货币罢了。日本汇率GDP大增后，经济开始迅速对外扩张，对外投资猛增。截至2012年，日本已拥有2.93万亿美元的海外资产（不包括外汇储备，已扣除资产负债），成为世界上海外资产最多的国家。

日本经济停滞是件很复杂的事情，也是难以解决的问题。事实上到现在，日本也没有彻底解决这个问题。

延伸阅读：韩国相对于日本的劣势

韩国与日本是两个很相仿的国家，从种族、文化、地域上看，都较为接近。二者都是深受儒家文化熏陶的温带农耕民族，社会制度也较为相似，人口密度也相差不大（日本是每平方千米336人，韩国是每平方千米500人）。两国地形都是以山地为主，平原狭小，各种矿藏资源较为贫乏，人均自然资源都比较少。而且，它们在现代经济发展上，都获得了较大成功。

可现在，日本人均收入基本比韩国高一倍，为什么会出现这样的结果呢？

首先要考虑历史继承因素。这个因素是造成日本与韩国人均收入差距的主要因素。韩国从朝鲜战争后开始大力发展经济，几乎是在一穷二白的基础上发展起来的。而相对韩国，日本经济在二十世纪五六十年代的起点要高一些。

其次，韩国人均军事负担相对日本太大。韩国常备军队人数为69万，健康成年男性都要服兵役，而日本的常备军队人数不足28万。韩国军队人数是日本军队人数的近2.5倍，而其人口仅为日本人口的2/5，这意味着韩国的人均军事负担是日本的6倍多。在20世纪60～70年代，韩国人均军事负担相对日本甚至更大，这确实阻碍了韩国经济的发展。而且从人均军事负担上看，韩国在全世界上也居于前列，这是韩国人均收入比日本低的一个重要原因。

第三，国家人口规模上的差别。日本人口规模是韩国的2.5倍，这导致两国在高科技竞争上优劣明显。日本人口多，人才相应的也多，这很有利于科技的发展。同时，日本人口多，使得市场规模大，这也很有利于高科技企业的发展。所以相对韩国，日本在高科技产业上更具有优势。而高科技产业是很赚钱的产业，也是提高人均收入的重要产业。受益于此，日本国民的人均收入比韩国高一些。

人口的规模效益在其他产业上也可以体现出来，如娱乐业中的电影产业。如果韩国人口再多一些，电影市场更大一些，那它的电影产业会更赚钱。总之，人口比日本少是韩国无法改变的相对劣势。

以上三点是现在韩国人均收入比日本低的主要原因。

韩国现在开始鼓励国民多生育，并且后悔以前限制人口生育的宣传（韩国那时没有搞过强制的控制人口政策，只是象征性地宣传不要过多生育），这说明它已经认识到了问题所在，并在努力有针对性地解决。

第六节　特别富裕的国家大多是小国的原因

> 总结小国高度富裕的原因可发现，部分小国的高度富裕属于风险收益，其实是冒着较大的风险换来的，比如减少甚至取消人均军事开支（存在着较大的国家安全风险）、完全自由的农产品市场（存在着食物供应安全风险）、专注于某些行业（存在着产业过于集中、经济增长动力脆弱的风险）等。

世界最富裕的几个国家都是小国，为什么会出现这种现象呢？有人认为是因为小国家或小地区反应速度快，能抓住经济机遇，所以经济发展速度自然比较快，国家因此比较富裕。这样的理解有一定道理，但并不是小国富裕的主要原因。

部分小国比较富裕的原因之一，是人均军费负担小。如瑞士、卢森堡、冰岛等国家。因为不必在军事上加大投入，更多的钱被用于生产及国民消费，自然会大大提升人均富裕程度。

有的小国是靠“投机取巧”，比如靠税收优惠吸引企业投资、挖大国的墙角等。卢森堡在这方面比较典型，它通过实行与周边国家相似的政策，吸引了不少周边国家的企业来此投资，提升了本国富裕程度。小国或小地区之所以能够挖大国的墙角，因为这样做的收益比较大而损失比较少，而若大国或大地区进行相同或类似的行为，收益就会少得多，得不偿失了。

城市型国家或地区还可依靠较大的人口密度效应，以及农民人口比例小的“优势”，提升人均富裕程度。比如，小型国家有时可以采用更自由的政策选择，不必考虑长远的发展或者对周边国家的影响——实际上它们也无法对周边造成巨大的影响，比如不考虑农产品供需情况，完全通过市场解决。如此一来，政府投入少、负担小，自然节省了财富。而大国就不敢如此放任了，它们要考虑更多的国家经济安全问题。

欧洲部分小国还占着欧盟大市场的便宜。通常来说，小国从国际市场获得的人均收益比大国大，故国际市场门槛的降低对小国高度富裕大有帮助。

小国可以专注于某些行业，形成某些优势，对自己的高度富裕也很有帮助。比如瑞士、冰岛致力于发展国际金融业，其他产业则略逊。大国就不能这样操作了，大国需要考虑产业的均衡发展，甚至某些暂时不赚钱的产业也需要保留甚至亏本扶植。

从地理位置角度看，大国内部有位置好的区域，也有位置差的区域。位置好的区域具备经济发展的地理优势，而位置差的区域则相反。位置因素导致大国内部富裕程度不同，而其总体富裕程度只能是全国的平均水平，很难“集体暴富”。所以与地理位置好的小国相比，大国就没有那么富裕了。实际，如果把大国内部位置好的区域独立计算，其富裕程度不会比富裕的小国差。比如若纽约独立计算富裕程度，会将许多高度富裕的小国比下去。

事实上，世界存在着高度富裕的小国，也存在着更多不富裕的小国，所以，小国不一定是特别富裕的国家，以为所有的小国都很富裕，是不符合事实和逻辑的。

总结小国高度富裕的原因可发现，部分小国的高度富裕属于风险收益，其实是冒着较大的风险换来的，比如减少甚至取消人均军事开支（存在着较大的国家安全风险）、完全自由的农产品市场（存在着食物供应安全风险）、专注于某些行业（存在着产业过于集中、经济增长动力脆弱的风险）等。以冰岛为例，其金融业在国家经济中极其重要，结果在2008年金融危机中受到重创。2007年冰岛人均GDP约为63830美元，2009年下降到37997美元，至今没恢复到危机之前的水平。

第七节　发达国家富裕程度的差异根源

一个国家的科学技术平均水平（包括工农业的平均技术水平）与最发达国家的差距，会较大程度影响该国经济发展速度。通常而言，国家相对越落后，可以运用的科学技术范围就越广、内容就越多，本国在科学技术选择上的自由度就越大，就越有利于自己经济的发展。

同为发达国家，但彼此之间的富裕状况也存在明显差异，这种差异的原因来源于多方面。

首先，发展成熟程度不同。有些发达国家是老牌资本主义国家，社会或经济发展模式比较成熟；而有些新晋发达国家由于“达标”时间尚短，社会或经济发展速度还处于较快速的追赶状态，所以总体富裕程度不如老牌发达国家。比如，韩国、捷克、以色列等，都属于新晋发达国家，从总体上看，其富裕程度不如英美；但由于它们发展速度较快，故与老牌发达国家的差距在逐渐缩小。发达国家之间的经济增速差异一般不大，且这些差异主要由人口增长速度引起的，有时也受到各自政策或制度改善程度的影响。

其次，继承状况不同。现在的经济发达国家是对各自过去国家的继承，而过去的各国经济状况差异很大，这导致现在经济发达国家的富裕程度也有差别。继承了较多财富和良好发展条件的国家，一般会更富裕；反之，则略逊一些。离现在时间越远，过去的发展状况对现在富裕程度的影响就越小。

发达国家对过去的继承内容主要包括社会制度状况、国民教育状况、基础设施状况、科研状况、自然资源状况等。欧美国家的高度富裕，受益于继承因素的分量不少。

第三，人口经济天赋差异。发达国家人口经济天赋总体较高，但相互之间依然存在差异，比如中北欧人的经济天赋要比南欧人相对高一些，这是中北欧发达国家比南欧发达国家更富裕一些的重要原因。关于人口经济天赋对富裕状况的影响，由于牵涉到种族理论，在此不便展开。

第四，自然资源因素多寡的影响。此处的自然资源，主要是指石油资源。部分盛产石油的国家占了一些便宜，通过出口石油获得了较多的财富收入，比如挪威的富裕就与石油出口较多有关。当然，类似例子在发达国家中很少，挪威算是得益于石油出口而更加富裕的发达国家中最典范的一个例子。

第五，部分小国的富裕效应。国家小并不意味着一定会更富裕，但确实有一部分小国很富裕，这源于经济发展的地域不均衡。哪怕在一个国家内部，不同地域的富裕程度也是不一样的。如果某个中等国或大国产生分裂，富裕程度高的地方就会成为一个个国家，富裕程度低的地方也会成为一个个国家，由此就会产生一些富裕小国和一些贫穷小国。这些裂变而来的富裕小国会非常富裕，总体发展水平要明显高于分裂前母国的平均水平。卢森堡、瑞士等发达国家的高度富裕原因主要在此。

第六，军费开支的差异。各国的军费开支占GDP的比例不一样，这对各国富裕程度自然会产生一定的影响。比如，美国、韩国、以色列等国家的军费负担比较重，这自然会降低各自的富裕程度表现。

第七，美元或欧元因素的影响。强势的国际货币，有利于提高本国汇率水平，一定程度上也可以提高自己国家的富裕程度。在这方面，美国受益最大，欧元区国家受益也不小。

第八，与最先进国家的差距不同。一个国家的科学技术平均水平（包括工农业的平均技术水平）与最发达国家的差距，会较大程度影响该国经济发展速度。通常而言，国家相对越落后，可以运用的科学技术范围就越广、内容就越多，本国在科学技术选择上的自由度就越大，就越有利于自己经济的发展。

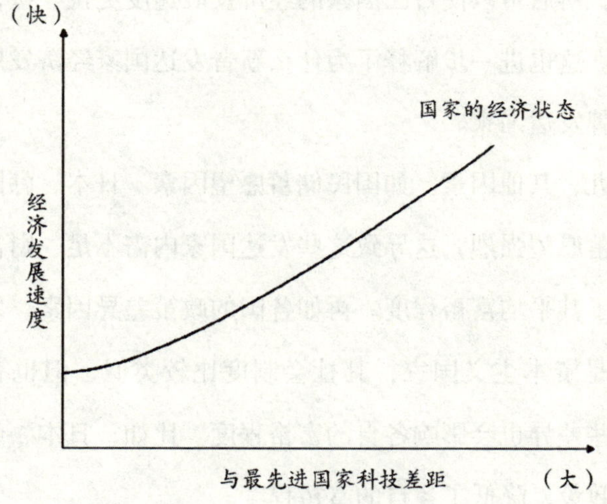

相对落后的发达国家相比于顶级发达国家过去同等发展程度的阶段，可以使用效率更高的生产工具，可以用较少的开支干较多的事情，可以借鉴先进国家曾经的经验教训，少走弯路、促进发展。在其他所有条件相同时，与最发达国家科技的平均水平差距越大，表明这个国家越落后，但同时经济发展的可能速度就越快——至少相对于最发达国家过去同等发展程度时的经济发展速度快一些（见上图）。与最先进国家的差距大是许多发展中国家和二流发达国家经济发展速度比最发达国家快的根本原因，也是美国“二战”以后，经济发展缓慢的主因，更是日本经济发展水平赶上美国以后，经济停滞的重要原因。

所以从经济发展速度上看，落后也是一种资本。在其他条件一定时，落后可以使自己国家的经济发展速度更快一些，具有后发优势。这也进一步解释了为什么新晋发达国家经济发展速度会超过老牌发达国家。

第九，其他因素。如国民储蓄愿望因素。日本、韩国等东亚人口储蓄愿望强烈，这导致这些发达国家内需不足、财富外流，也降低了其平均富裕程度。再如各国的政策差异因素。发达国家基本上是资本主义国家，其社会制度比较类似，但也有细微差异，这些差异也会影响各自的富裕程度。比如，日本、韩国的农业保护政策，降低了各自的富裕程度。

第二章

勤俭因素对经济发展的影响

第一节　勤劳程度对经济发展的影响

在其他所有条件相同时，人们的勤劳程度还会影响劳动力价格。人们平均越勤劳，劳动力的可能价格就越低，资本投资获得的利润就越多，资本价格（利息）就越高。

人与人之间的勤劳或节俭程度是有差异的，人群与人群之间也是如此。勤劳或节俭天赋水平是在人类逐渐进化的过程中形成的，也是文化熏陶的结果，并有一定的继承性。勤劳或节俭天赋状况对经济发展具有重要影响，是各国或地区富裕程度差异或经济发展速度差异的重要原因。

在相同的生产力水平条件下，人们愿意付出的劳动量越多，社会创造的财富就越多，人们可能的积蓄就越多。这些因素都可以增加社会的投资率或投资量，进而增加社会生产能力，增加社会生产总值。

在其他所有条件相同时，人们的勤劳程度还会影响劳动力价格。人们平均越勤劳，劳动力的可能价格就越低，资本投资获得的利润就越多，资本价格（利息）就越高。而较高的资本价格，又会促使人们进行更多的储蓄（投资）。所以说，人们的勤劳程度，可以通过影响储蓄率（投资率）来影响国家经济发展速度以及国家富裕程度。

在其他所有条件相同时，人们的勤劳程度也会影响资本的利用率。勤劳程度的增加有利于资本利用率的提高，这也会增加社会财富的创造量，并间接地增加资本价值，有利于提高资本赢利水平，进而可以提高储蓄率。

在其他所有条件相同时，人们的勤劳程度还会影响各种服务业的供应量。勤劳的国民可以降低服务产业的价格，促进人们对服务产业的消费。平均价格的降低可使人们享受更多的服务，提高生活质量，实际上就是提高了整个社会的富裕程度。社会每年创造的总财富与每年付出的劳动量成正比，也与劳动效率成正比。

勤劳程度也会对就业率有影响。较高的勤劳程度会促使个体就业增多，无业人员减少，也就是说会提高就业率。

在其他所有条件相同时，各国国民的平均劳动愿望差别较大，这是世界许多国家经济发展速度有所差异的重要因素，也是许多国家富裕状况差异的重要原因。

延伸阅读：高物价的撒哈拉以南非洲

撒哈拉以南非洲的人均GDP较低，但是物价水平却较高，这是什么原因导致的呢?

1．非洲的许多商品来自遥远的亚欧大陆，运输成本高，故提高了商品物价水平。

2．非洲地区人口稀少，相互间往来交通不便，这点也提高了物价。

3．撒哈拉以南非洲国家的货币具有普遍的被高估趋势（大量的外援是撒哈拉以南非洲国家货币被高估的主要原因），中国人到非洲生活，用人民币衡量非洲物价水平，必然感觉到非洲物价水平高。

4．撒哈拉以南非洲人口热爱休闲，这是其热带生活进化出来的天赋性格。热爱休闲，人均劳动时间少，故人均劳动成果少，人均购买力也小，表现在物价水平上就会很高。非洲人口的价值观中并不崇尚勤劳，这点与中国人不同，这也是非洲物价高的主要原因。勤劳程度对物价水平存在重大影响。在其他条件相同时，人们的勤劳程度越高，愿意付出的劳动就越多，劳动成果就越多，人均享受的劳动成果就越多，货币的购买力就越强，物价就越低，反之亦然。

第二节　国民勤劳的长期效应

> 我们的更加勤劳等效于劳动人口的增加，长期看等于劳动力过剩了，劳动力便宜了。如此会促使资本收益增加，吸引更多资本进行投资，从而可以提供更多就业岗位，缓解劳动力的过剩。

东亚人口比较勤劳，这与天赋和文化有关。许多人认为，勤劳会促使大家付出的劳动量增多，劳动力供给充足，从而引起劳动力价格下降。从短期看，这个结论是成立的，但并不符合长期发展情况。

举例来说，假如短期内，我们的勤劳程度突然增大一些，人均愿意付出的劳动量突然增加一些，若市场需要的劳动量没有变化，则劳动供给量就会增多，这会导致劳动供给过剩，劳动价格下降。短期看的确如此。我们突然勤劳一些，等效于我们的社会突然增加了劳动人口的数量，根据供需定律，必然会使劳动力价格下跌。

但如果时间跨度大一些，我们就会有新的发现。我们的更加勤劳等效于劳动人口的增加，长期看等于劳动力过剩了，劳动力便宜了。如此会促使资本收益增加，吸引更多资本进行投资，从而可以提供更多就业岗位，缓解劳动力的过剩。过了一段时间，资本投资就可以彻底解决劳动力过剩问题，市场会逐渐走向资本供给与劳动供给的平衡。

所以从长期看，勤劳程度不影响单位时间劳动力的价格。

通常而言，我们的勤劳程度一般不会突然大幅度变化（也存在大幅度变化的情况，比如20世纪80年代的中国，农民从集体农业劳动到个体农业劳动，农民平均勤劳程度出现明显增加），即总体上看，我们的勤劳程度是比较稳定的。如此，也就无所谓勤劳程度变化的长期或短期影响了。退一步说，哪怕我们的勤劳程度有变化，也只会短期影响劳动力价格，而不会长期影响劳动力价格。

第三节 劳动时间的降低与什么有关

> 劳动效果对劳动付出的影响原理也是某些经济天赋不高的国家的国民，实际劳动付出比较少的原因之一。不高的经济天赋，导致劳动效果较差，劳动成果较少；劳动成果不多，自然影响了人们的劳动付出激情。

在勤劳天赋一定时，人们的劳动付出会随着客观条件的改变而改变。从长期看，人们的平均劳动付出会随着实际收入的增加而逐渐下降。收入增加，会使人们对休闲的购买力提高，对休闲的购买增加，也就是说，人们会较多地选择休闲生活而减少劳动时间。这个结论符合现实，相对于发展中国家，发达国家一般人均劳动时间较少，从这点看，人均劳动时间与人均收入存在一定的反向关系。

由于收入增长与休闲需求的关系并不十分紧密，并且实现均衡影响还需要时间，这导致短期内收入的增长反而增加人们愿意劳动的时间。但是一段时间后，新的均衡状态就会出现，人均劳动时间又会有所下降。这种下降，可以通过市场规则实现，虽然过程较慢，且实际人均劳动时间的下降幅度也会较小。

大家似乎更倾向于通过政策干预人均劳动时间长短。政策干预可以明显促使人均劳动时间下降，这比通过市场实现均衡状态快得多。比如，德国法律规定，星期天商店要关门，此举立马降低了商店工作人员的人均劳动时间。而通过市场是难以达到这样立竿见影效果的。

在平均收入一定时，人们（个体）愿意付出的劳动时间还与劳动的效果有关。如果劳动效果很明显，人们愿意付出的劳动时间就较多，反之会较少。劳动的边际效果（边际收益）与休闲的边际价格加上劳动的边际成本（不包括休闲成本）之和相等时，也就是劳动的边际效果与边际成本（包括休闲成本）相等时，就是人们愿意劳动付出的边界。

大锅饭模式下的集体劳动，会导致个体感觉干多干少一个样，自己的劳动付出与收获没有多少关系。这会导致个体愿意的劳动付出较少，个体的劳动付出更具有被强制性或被迫性，个体具有偷懒的动力。高福利的情况下，也容易产生类似大锅饭条件下的劳动与收入的关系模式，降低人们的劳动付出动力。

劳动效果对劳动付出的影响原理也是某些经济天赋不高的国家的国民，实际劳动付出比较少的原因之一。不高的经济天赋，导致劳动效果较差，劳动成果较少；劳动成果不多，自然影响了人们的劳动付出激情。

第四节　平均勤劳程度对经济影响的进一步思考

> 国民平均勤劳程度提高，等效于劳动力数量增多，可以创造出更多财富，短期看，能提高经济增长速度。反之，则会降低经济增长速度。

与其说平均勤劳程度会影响经济发展速度，不如说平均勤劳程度会影响国民富裕程度。平均勤劳程度对国民经济发展速度的影响没有我们设想得那么大，但是对国民富裕程度的影响却是很容易被感觉出来的。

经济发展速度是不同时期经济状况的对比，取决于效率的提高速度以及劳动力的增长速度。在劳动力人均付出劳动量一定时，经济发展速度基本等于效率提高速度与劳动力增长速度之和。平均勤劳程度影响的是劳动力人均劳动量的付出情况。如果平均勤劳程度没有发生改变，劳动力人均劳动量的付出情况就不会改变。平均勤劳程度通常是不容易改变的，因为它主要取决于人们的平均勤劳天赋。故我们可以认为，相对稳定不变的平均勤劳程度对经济发展速度没有影响。

不同国家的国民天赋状况有差异，平均勤劳程度也有差异。在经济或社会运行效率相差不大且劳动力数量一样的前提下，如果两国国民平均勤劳程度差一倍的话，由于平均勤劳程度（人均愿意付出的劳动量）差异引起的两国生产的财富（GDP）差额就会达到一倍（人均收入也会相差一倍）。可见，平均勤劳程度可以明显影响人均富裕程度。

平均勤劳程度对经济的影响类似于劳动力数量对经济的影响，二者在对经济的影响作用方面具有等效性。不过，受体能所限，平均勤劳程度的差度是有限的，可以相差一倍、两倍，但是再多就不太容易了。而不同国家的劳动力数量可以相差几倍、几十倍甚至几百倍。这是平均勤劳程度与劳动力数量对经济影响的不同之处。

平均勤劳程度的变化可以影响经济发展速度。国民平均勤劳程度提高，等效于劳动力数量增多，可以创造出更多财富，短期看，能提高经济增长速度。反之，则会降低经济增长速度。不过需要指出的是，不论国民平均勤劳程度是增加还是减少，待其稳定以后，对经济发展速度的影响就会逐渐减弱，甚至最终会降低到零。

平均勤劳程度可以影响资本或公共财富的利用效益，等效于影响了资本或公共财富的价值。这个结果也影响国民财富的创造水平（国民的富裕程度），但长期看，不影响经济发展速度。

第五节 储蓄率与经济发展速度的关系

一般来说，储蓄率与经济发展速度成正比关系。在其他条件相同时，储蓄率越高，经济发展速度就越快。世界各国国民的储蓄愿望差异较大，这是各国经济发展速度有所差异的原因之一，也是许多国家富裕状况差异的重要因素。

现代社会金融业高度发达，储蓄基本都能转换成投资。储蓄率决定了投资率，投资率决定了新建或改建各种生产行为的总量，新建或改建各种生产行为的总量决定了新增加的生产能力或服务能力，而新增加的生产能力或服务能力就是新增加的经济总量。

社会的运行效率主要由各种投资与科学技术的发展共同决

定，社会投资的多少与社会运行效率的提高速度正相关，比较接近正比关系。较高的投资率，一般对应着较高的社会运行效率的提高速度。

一般来说，储蓄率与经济发展速度成正比关系。在其他条件相同时，储蓄率越高，经济发展速度就越快。世界各国国民的储蓄愿望差异较大，这是各国经济发展速度有所差异的原因之一，也是许多国家富裕状况差异的重要因素。

储蓄率主要由国民的储蓄天赋决定。绝大部分发展中国家国民热爱日常消费，储蓄比较少，因此国家缺乏资本，基础设施建设少，经济运行效率低，一定程度上造成了经济发展速度不快。外资对这些发展中国家意义重大，吸引外资可以明显提升其经济发展速度，所以积极吸引外资应该成为这些缺乏储蓄的国家的基本经济策略。印度曾经一度对外资比较排斥，现在也走上了改革开放的道路，大力吸引外资，这是其近些年来经济发展较快的重要原因。

延伸阅读：月薪制在非洲遇到了问题

中国某商人在撒哈拉以南的非洲开办了一家企业，并招聘了当地的劳动力来务工。按照在中国的习惯，他对工人采取月薪制。谁知，第一个月工资发放后，第二天竟然没有工人来上班了，这让中国商人很吃惊。他找到当地的华裔打听了一下情况，才知道原来工人都去花钱去了。一个月的工资对于当地人来说是一笔很可观的财富，所以他们很兴奋地跑出去购物了。当地华裔还告诉商人，待到钱花光的时候，他们自然会回来继续做工。果然，不久后工人们都陆续回来了，部分人甚至是要饭回来的。这让商人不得不感慨当地人的消费愿望之强。

为了避免发工资后，当地人忙于消费而不来上工的现象，商人将原来的月薪制改成周薪制。这样当地工人一次性得到的工资就少多了，得到工资后的兴奋程度也就弱多了，第二天或者第三天就基本能按时上班了。商人得出了一个结论：月薪制不适宜黑种人，周薪制才适宜黑种人，这是储蓄天赋造成的。

当然不是所有周薪制的产生都是储蓄天赋因素所致，比如澳大利亚也是周薪制，这应该是一种习惯。

第六节 什么影响了储蓄率?

> 贫富差异程度也会影响储蓄率。在其他条件一定时，高度富裕阶层收入占社会总收入的比例越大，社会的总储蓄率就越大。这来源于在相同前提条件下，富裕程度越高，人们的储蓄率就越高的原理。

传统文化与国民个性可以通过多个方面影响平均储蓄率，国民知识与智商水平也对平均储蓄率有重要影响。理性影响储蓄的因素主要是两种；为了长远获得更好的生活，进行储蓄投资获利；为了应对特别时期，比如考虑晚年的生活，进行适当储蓄。

优秀的文化以及深厚的亲情因素，会促使国民希望照顾好后代，给后代留下较多的财富，因此他们会倾向于节俭储蓄。持有这种观念的国民，会增加家庭储蓄率，这种现象在东亚农耕民族中表现得较为明显。

某些文化下的国民倾向于相互攀比。比如，攀比住房或大件消费品等，这些大额消费欲望导致国民储蓄动力增加，提升了平均储蓄率。比如，我国国民在儿子结婚的前几年，会努力储备结婚时的货币或物品。

良好的福利政策有利于促进国民消费，从而降低平均储蓄率。福利政策主要影响人们的养老储蓄动机、疾病储蓄动机、教育储蓄动机等，减少人们的储蓄行为。尤其是对弱势群体的福利，其实是间接增加了他们的消费能力，客观上提升了整个社会的日常消费水平，降低了储蓄率。

良好的投资环境有利于提高投资收益，吸引富裕群体将剩余资金用于投资，减少奢侈消费行为，从而促使国民平均储蓄率提高。

在前提条件相同时，国家发展水平对国民平均储蓄率有很大影响。处于迅速发展阶段的国家，由于投资比较赚钱，故国民储蓄率通常较高。

勤劳的国民，也有利于增加资本投资收益，吸引更多资本进行投资，从而提升国民的平均储蓄率。

社会制度因素可以影响经济发展速度，影响资本投资收益率，进而影响国民储蓄率。社会制度因素对国民储蓄率的影响是多方面的，既可能增大储蓄率，也可能减少储蓄率，综合影响难以预料。比如若大量的财富被国有企业占据，个人拥有的财富不足，就会迫使大家储蓄自己的财富，导致国民储蓄率增大。中国社会高储蓄率的原因之一就是国有企业太多，国民自我可支配财富太少，导致国民需要大量储蓄。

物价因素对储蓄率也有影响。快速上涨的物价不利于国民储蓄，会导致储蓄率特别是货币储蓄率大幅度下降。从这一点看，避免通货膨胀是很有必要的。

贫富差异程度也会影响储蓄率。在其他条件一定时，高度富裕阶层收入占社会总收入的比例越大，社会的总储蓄率就越大。这来源于在相同前提条件下，富裕程度越高，人们的储蓄率就越高的原理。

第七节　储蓄习惯对货币流通速度的影响

> 资本投资可以带来社会生产能力或社会运行效率的提高，促使劳动力工资提高，国民收入增加。经济增长，会导致社会需求更多的货币。所以高储蓄率的国家，经济可以获得较快发展。

国民节俭程度与储蓄习惯或性格，可以对货币流通速度产生重要影响。100元现金，你存入银行与直接用于购物，效果是不一样的。把100元用于购物，可使国家GDP增加100元；而得到100元收入的店主，如果也进行消费，比如，去游乐场花了100元，则又可以增加100元的GDP。如此传递下去，就能产生多倍于100元的GDP。（需要说明的是，并不是全部的直接消耗100元的行为，都可以产生100元的GDP，比如生产性行为。）

把钱存入银行，不是真正的消费，基本不会产生GDP。人们贷款以后，把钱花出去，而不是又存入银行，才会产生GDP。银行不会增加社会流通的货币。存款其实是减少了国民手中的货币，这些减少的流通货币，被以存款准备金的模式囤积起来。

银行是国民相互借款的中介机构，这个机构的存在，满足了部分暂时想多消费（投资）一些商品而缺少货币的人员的愿望，促进了社会消费总量的增加，提高了货币的流通速度。

银行的存在，对社会消费有促进作用，其促进作用大小与存款准备金比率成反向关系。如果存款准备金比率不大，则银行的存在可以增加货币流通速度，减少社会对货币的需求量。

节俭、热爱储蓄的民族，必然热爱存款。既然热爱存款，为什么这样的国家的货币流通速度反而并不大，对货币需求量反而还很大呢？原因是，并非由于银行的存在，才导致节俭的民族热爱储蓄，而是他们本身就热爱储蓄。若没有银行他们也会把货币存放到自己家里，照样不参与市场流通。所以银行的存在恰恰是促进了节俭民族的消费，减少了货币的需求量。

有没有银行，热爱消费的民族的货币流通速度都会很快，而银行的存在会继续加大他们的货币流通速度，减少他们的货币需求量。

人们的花钱速度，决定货币的流通速度。节俭、热爱储蓄民族的国家的国民的花钱速度比较慢，钱在人们手中停留的时间比较长，货币的流通速度慢，在创造相同的GDP时，国家需要较多的货币。热爱消费民族的国家的国民的花钱速度比较快，钱在人们手中停留的时间比较短，货币流通速度快，在创造相同的GDP时，国家需要较少的货币。

银行的存在会促进国民的储蓄行为和消费行为。银行的存在，也促进社会资本投资增多，而资本投资是社会发展的主要动力。资本投资可以带来社会生产能力或社会运行效率的提高，促使劳动力工资提高，国民收入增加。经济增长，会导致社会需求更多的货币。所以高储蓄率的国家，经济可以获得较快发展。

低储蓄率的国家，如果银行体系不发达，则政府就很难通过对银行的控制实现对社会经济运行的影响。这是拉丁美洲国家金融控制困难的原因之一，大部分钱都不经过银行，通过银行控制金融形势自然比较困难。

第八节　高储蓄率愿望对经济发展的潜在危害

> 国民自我感觉的财富拥有量带来的消费能力提高量，基本由国民财富总量（财富的市场价格）与劳动力平均工资的比值决定，这个比值越高，国民自我感觉就越有钱，消费动力或消费愿望就越强。

国民高储蓄率天赋在经济发展初级阶段，具有非常重要的意义，因为它可以为各种投资提供更充裕的资金；可当经济发展进入成熟阶段以后，过高的储蓄率会显示出一些危害。此时，社会客观需要的资本投资已经减少，但是国民的储蓄愿望并不会跟着同幅度减少，甚至还会随着手中财富的增加而加大储蓄力度。这就产生了一个矛盾，即国民依然强烈的储蓄愿望与社会客观需要的财富投资之间出现了较大差距。

资本投资的减少，会带来社会消费不足，导致内需不振、市场疲软，使整个社会经济处于通货紧缩时期。也就是说，人们的高储蓄习惯会导致经济发展走到成熟阶段以后，长期处于通货紧缩状态或具有通货紧缩趋势，使社会经济萎靡不振。

国民的消费动力与自我感觉的财富多寡有关。国民自我感觉的财富越多，就越敢于并乐于消费；反之，则不敢消费。国民自我感觉的财富拥有量带来的消费能力提高量，基本由国民财富总量（财富的市场价格）与劳动力平均工资的比值决定，这个比值越高，国民自我感觉就越有钱，消费动力或消费愿望就越强。（当然，国民的实际消费量还是随着劳动力工资的提高而提高的，因为劳动力工资水平决定人均消费水平。）

高储蓄率国家，当经济逐渐走向成熟时，为了促进国民消费，就需要逐渐增加国民自我感觉的财富拥有量，进而增强国民的消费愿望。广泛的私有化是增加国民自我感觉财富拥有量的重要办法；去海外投资、发行国债也可以增加国民的自我感觉财富拥有量；减少征税可以增加国民收入，自然也可以提升国民的消费愿望或消费能力。

此外，增加各种福利，也是提高国民消费能力的重要办法。虽然高福利可能会减少一部分社会发展动力，但是确实可以提升国民消费水平，增加内需。而且，通过高福利提振内需，比将财富投资国外从而增加国民自我感觉财富拥有量而强化的消费效果要好一些，至少它可以使国民拥有更多享受或更高的消费质量，减少了财富外流。

东亚农耕人口大多具有高储蓄天赋，如日本人、中国人等。他们面临的内需不足现状很大程度上是由这种国民天赋导致的。随着东亚经济的进一步发展，内需不足很可能成为该地区其他国家未来普遍面临的境况。

延伸阅读：俄罗斯曾经严重的通货膨胀

苏联解体后的俄罗斯发生了严重的通货膨胀现象，原因主要有两个。

首先是由限制自由消费到可以自由消费的激变导致的。苏联解体后，人们的消费行为走向市场化，国民基本可以按需求进行消费，不再按供给进行消费，这必然会导致某些商品供不应求，从而使这些商品价格上涨。俄罗斯十几年前的通货膨胀，其实主要是日用商品涨价导致的通胀，因为在苏联时期日用商品供应处于严重紧缺状态。其他商品价格虽然也有上涨，但速度相对要慢一些。

在商品市场没有放开时，有些商品消费还需要凭票购买，商品供应紧缺，因此原来苏联国民手中的货币大于客观需要的货币数量，这些货币其实不值那么多钱，价值被高估了。价格控制放开以后，商品价格自然会上涨到应有的水平。

俄罗斯国有企业的私有化模式是促进物价上涨的另一个重要原因。俄罗斯把国有企业折合成一定价值平均分配给国民。这个模式的设计初衷是好的。但是，一下子把国有企业那么多财富分配给国民，导致国民可以自由支配的财富暴增，消费愿望当然也会增加。而社会商品供应能力没有变化，故物价上涨不可避免。

通过对俄罗斯曾经的通货膨胀现象分析，我们可以感觉到，国民自我感觉财富的变化对国民消费动力具有巨大影响。

第九节　储蓄率不同的国家应该有不同的对策

在经济领域，保险部分等效于储蓄，进行保险等效于加大了储蓄率。商业保险对储蓄率的影响较小，而各种强制性保险对储蓄率影响较大，相当于明显提升了储蓄率。

各国人口结构状况有所差异，人口天赋状况也不尽相同，对储蓄的看法和态度相差很大，这导致各国国民的平均储蓄率天差地别。

储蓄率不同的国家应该拥有不同的经济对策，这些经济对策的差异，完全可以是由于国民储蓄率差异所致。

储蓄率高的国家，应该想法降低实际储蓄率；储蓄率低的国家，则需要想办法提高实际储蓄率。

国民消费动力主要与国民自我感觉的财富拥有量有关，国民自我感觉的财富拥有量越多，消费动力就越大。根据这个道理，各国应该根据自己国民的储蓄天赋，制定不同的影响可支配财富的政策。

热爱消费的国家（储蓄率低的国家），需要想法减少国民自我感觉财富拥有量。比如，可以增加国有企业比例。这可以让国民自我感觉财富拥有量少了，进而减少消费，提高储蓄率。当然，采用这种办法需慎之又慎，因为国企多了，会降低经济运行效率。此外，增加国有土地资源财富，减少国民拥有的土地财富比例，也可以减少国民自我感觉的财富拥有量。故部分森林资源、草原资源、荒漠资源甚至某些矿产资源都可以让国家掌握，以降低国民自我感觉的财富拥有比例，进而降低国民消费动力。

要减少国民自我感觉的财富拥有量，国家就不应该发行国债。因为国债的本质是借钱消费。而低储蓄率国家不应该大量借钱消费，应该按照自己的税收实际情况，进行有计划、有节制的开支，甚至应加大税收，将钱收上来进行基础设施投资，以此变相提高国家整体储蓄水平。因为加大税收可以减少国民自我感觉的收入，进而降低其消费水平。这是减少国民消费的最见效的办法，但在民主国家不容易实现，所以它们的政府通常宁肯借钱，也不敢加税。

低储蓄率国家不适宜搞高福利，因为高福利会进一步降低储蓄率。一方面，高福利使更多的钱被发放到居民手中用于消费，另一方面，可能降低生产的动力，减少财富的增加。

总之，低储蓄率国家可以广泛吸收外来资本投资，以促进国内的经济发展，同时减少国民自我感觉的财富拥有量，降低国民的消费动力。这些对于低储蓄率国家都是切实可行的办法。

而对热爱储蓄的国家，应该想法增加国民自我感觉的财富拥有量。这样的国家，应减少国有企业的数量，将尽可能多的财富出售给国民。国家应该想法让国民掌握更多财富，从而增加国民的消费动力。由于拥有高储蓄率国民的国家往往是生产能力大于消费能力的，因此减少公有制财富，可以提高国民自我感觉的财富拥有量，并提高国民的实际消费能力，促使国民实际消费能力与社会生产能力相适应，从而避免内需不足问题，实现经济持续繁荣。国民消费能力与生产能力相适应，不仅可以促使经济发展，而且可以提升社会运行效率和社会生产能力，为国民消费能力的进一步提高奠定基础。

高储蓄率国家不适宜大力吸引外资，因为它们本身的资本通常已很充足，所以对外资的倚赖程度比较弱。高储蓄率国家把国内的投资机会让给外国人，是有些愚蠢的行为；而让本国的企业在国外上市融资，也是愚蠢的表现。

高储蓄率国家必须减少税收，让利于民，让国民自我感觉拥有更多收入，以此来提高国民消费能力。此外，还应该大力平抑物价，给国民更强的安全感。这些都是明显提高高储蓄率国家消费能力的好办法。

高储蓄率国家要提高社会福利水平，增加国民收入，让国民减少消费的后顾之忧，以促进国民大胆消费。

高储蓄率国家的政府在加大开支的同时要减少税收，因此可通过发行国债弥补收支差额。国债虽然不增加国家总体财富的拥有量，但可以增加国民自我感觉的财富拥有量，从而提高国民的消费动力。

此外，高储蓄率国家也不适宜搞较多的保险，因为保险一定程度上说，是一种变相的强制储蓄。在经济领域，保险部分等效于储蓄，进行保险等效于加大了储蓄率。商业保险对储蓄率的影响较小，而各种强制性保险对储蓄率影响较大，相当于明显提升了储蓄率。在不爱储蓄的国家，各种强制性保险是很有价值的，可以明显促进经济发展。而在热爱储蓄的国家，强制性的保险会萎缩消费动力，不利于经济健康、持续发展。

高储蓄率国家的储蓄率本身就比较高了，这种较高的储蓄率的重要目的就是为了抗御各种可能的风险，所以从这个角度看，搞强制保险有些画蛇添足。

中国的住房公积金系统，其作用类似于保险，等效于增大了国民平均储蓄率。这种制度对于高储蓄率天赋的中国人实际作用不大，反而进一步降低了国民的消费动力，遏制了内需。

第十节 部分国家容易产生通货膨胀的原因

> 拉丁美洲国家与非洲国家的国民一般都比较热爱消费，政府也有滥发货币的动力，所以它们比较容易产生通货膨胀现象。而中国大陆却不容易产生通货膨胀，虽然大陆政府更爱发行货币。这主要得益于大陆人口的高储蓄率天赋。

部分国家由于国民不太节俭以及热爱消费，导致整体储蓄率比较低，进而容易产生通货膨胀。热爱消费导致货币流通速度较快，市场客观需求的货币比较少，国家少量增加一些流通货币，就会产生比较大的通货效应，促使物价上涨。这是这些国家容易产生通货膨胀的原因之一。

国家储蓄率比较低，导致国家投资率也比较低，而较低的投资率带来的是较低的经济增长率，也意味着市场对货币需求增长的速度比较小，如此，则国家每年可以新增加的货币发行量也比较少，导致这些国家更容易通货膨胀。

资本投资可以提高社会运行效率或社会生产能力，进而促使物价下降。而较低的储蓄率导致的较低投资率，不利于遏制物价上涨，使得国家更容易通货膨胀。

拉丁美洲国家与非洲国家的国民一般都比较热爱消费，政府也有滥发货币的动力，所以它们比较容易产生通货膨胀现象。而中国大陆却不容易产生通货膨胀，虽然大陆政府更爱发行货币。这主要得益于大陆人口的高储蓄率天赋。

第十一节　偶尔出现内需不足局面的现代中国

> 内需不足是一种生产能力的浪费，及时恰当地解决内需不足问题，不但可以明显提高国民消费水平，而且还可以提高经济发展速度。解决内需不足的最愚蠢办法是通过刺激出口缓解局面，比如加大出口退税力度来促进出口等。

供给能力是经济扩张的起点。虽然供给能力决定需求能力，但是在市场经济条件下，需求能力也会影响供给能力，也会影响经济扩张局面。比如，近十几年来的中国大陆地区，偶尔会出现内需不足局面，就是因为我们的需求能力小于生产能力。

我们运用理智约束欲望，并根据实际情况，恰当地安排消费，结果我们的消费能力小于生产能力，这就产生了内需不足现象。是什么导致我们过度约束自己的欲望，而不敢消费呢？因为我们的消费能力滞后于生产能力，所以产生了生产与消费的矛盾。

在我国，内需不足的原因与国民收入增长较慢有关（我国国民收入增长速度明显慢于生产能力的提高速度），也与国民自我感觉的财富拥有量较少有关。我国公有制在国民经济中占的比重太大，导致国民自我感觉可支配的财富较少，限制了大家的消费动力。

为什么有时内需不足局面会消失了呢？这并不是因为国民消费能力明显提高了，而是国家加大基础设施投资所致，也是货币发行过多的结果。这不是解决内需不足的好办法。最佳办法应该是提高国民的消费能力，比如我国台湾地区，就曾通过向人民发钱，来缓解内需不足的局面。

内需不足是一种生产能力的浪费，及时恰当地解决内需不足问题，不但可以明显提高国民消费水平，而且还可以提高经济发展速度。解决内需不足的最愚蠢办法是通过刺激出口缓解局面，比如加大出口退税力度来促进出口等。

延伸阅读：投资拉动内需的局限性

通过大量的工程投资带动物质消耗，就业一批劳动力，发行一些新货币，促使市场需求增加，带来市场繁荣，这是政府拉动内需的常用办法。这个办法一般来说是行之有效的，但缺点也不少，且还有一定的局限性。

缺点是：政府的投资效益一般不高，重复低效或不必要的投资不利于经济健康长远发展，导致社会财富浪费。

局限性是：投资拉动内需不是万能的，由于社会客观上需要的投资是一定的，故过多的投资显得不必要。过度的政府投资会导致产业的畸形发展，在投资结束以后依然会出现内需不足的局面。政府投资有时靠发行货币来获得资金，这其实是对国民财富的剥夺，会减少国民的货币财富拥有量，遏制消费能力和需求的增加。

不同国家，客观上需要的投资规模不一样。在经济规模相同时，发达国家客观需要的投资比较少，发展中国家客观需要的投资比较多。故投资拉动内需的策略，不太适合发达国家，比较适合发展中国家.。

不论发达国家还是发展中国家，促使国民商品需求量提高从而拉动内需，都是最佳的方法。它相对于投资拉动内需的好处是：第一，可以立竿见影地提高国民的生活质量；第二，此法属于通过市场模式带动内需，可以促使各个产业均衡发展或合理发展，避免部分产业畸形；第三，可以减少政府投资机会，增加民间投资机会，提高整个社会的平均投资效益，提高经济的长远发展速度与经济效益。

对于我国这样的发展中国家，适度地通过投资拉动内需有一定价值，但想法促进国民商品需求更有必要。投资拉动内需与需求拉动内需可以同时进行，以后者为辅。在投资拉动内需的措施中，政府不宜直接参与基础设施投资，应该放手让民营企业大力参与。政府应该通过金融措施促进民营企业投资增长，比如降低贷款利率，降低存款准备金等。

第三章

社会制度对经济发展的影响

第一节 市场制度对经济发展的影响

短时间看，市场制度的改变，可以影响经济发展速度，进而影响富裕程度。所以短时期内，我们可以通过改变市场制度来改变经济发展速度。但过了一段时间以后，经济发展速度就不再受到曾经的市场制度改变的影响了。

社会制度的分类

从是否有利于人类或经济发展的角度，社会制度可以分成两类：恰当的社会制度与不恰当的社会制度。恰当的社会制度顺应人的本性，可以使人发挥较大的能动性，激发人更多的创造力，促使人们更加努力地工作。不恰当的社会制度违背人类的本性，使人变得虚伪、懒惰、得过且过，降低社会运行效率。人们的平均表现水平在不同的社会制度下会有所不同。

社会制度还可以细分成经济领域的市场制度、财富所有权制度、国家政治体系制度、司法制度、福利制度等。社会制度因素可以全面影响整个社会现状，也可以影响经济发展速度或经济发展水平。社会制度因素是决定国家经济发展速度的重要因素之一，可以很大程度上影响国家的经济发展速度。

市场制度对经济发展的影响

市场制度一般分计划经济与市场经济两种。总体来说，市场经济条件下的企业表现水平要优于计划经济条件下的企业表现水平。市场经济带来的竞争产生了优胜劣汰现象，对提高企业平均素质帮助很大，它能激励企业提升运行效率，促进整个社会向前发展。市场经济还能使资本与劳动力更好地组合、更有效地进行配置，因为市场经济能使各种需求被充分地体现出来并予以满足。

中国从计划经济到市场经济的转变，带来了近几十年的经济腾飞，使中国的经济增长速度一直保持在世界前列。

市场制度的改变也可以改变经济运行效率。在其他条件相同时，从计划经济逐渐走向市场经济，意味着经济运行效率的提高，也意味着创造财富的能力以及实际创造财富规模的提高，必然意味着富裕程度的提高。这是通过短时期内经济发展速度的逐渐提高而实现财富逐渐增加的。

短时间看，市场制度的改变，可以影响经济发展速度，进而影响富裕程度。所以短时期内，我们可以通过改变市场制度来改变经济发展速度。但过了一段时间以后，经济发展速度就不再受到曾经的市场制度改变的影响了。时间越长，市场制度改变对经济发展速度的贡献就越少，甚至会下降到零。当然，市场制度有时不是一下子改变的，而是一点一点地改变。制度的全面改变需要的时间较长，这意味着市场制度改变因素对经济发展速度的影响时间会比较长。比如，越南从计划经济转向市场经济是一个较长的过程，这意味着越南经济发展速度受市场制度改变因素的影响会是一个长期的时间段。

在其他条件相同时，市场制度会对人们的富裕程度也会产生明显影响。同样的资源基础、同样的科技水平条件下，市场经济制度可以使大家的人均富裕程度相对计划经济制度条件下高一些。

上面采用的是比较理想的推理思维，没有考虑到市场制度因素对科学技术发展速度的影响。如果市场制度因素对科学技术发展速度具有明显影响，则需要修正上面的结论。这样，市场制度的改变不但可以短期影响经济发展速度，也可以长期影响经济发展速度。不过相对来说，市场制度因素对短期经济发展速度影响比较大，对长期经济发展速度的影响能力相对要小一些。

第二节　财富所有权制度对经济发展的影响

> 产权制度不仅仅影响资本效益或效率，还会影响科学技术发展速度，这使得产权制度不但可以短期影响经济发展速度，而且从长期看也能影响经济发展速度。

在前提条件相同时，产权私有制度相对产权共有制度在促进经济发展方面更有优势。不论在计划经济条件下还是在市场经济条件下，产权私有制度都可以极大地激励国民的生存能力，提高社会及企业的运行效率，使天赋较高的人发挥出应有的价值；并可以减少各种浪费现象，使各种财富效益最大化；同时还能较大程度上提高国民平均劳动愿望水平。总体上看，产权私有制可以较大幅度提高社会经济发展速度。而相反，产权共有制度会较大程度上降低国民的平均劳动愿望，减少劳动付出，降低劳动质量，进而降低社会生产效率。

私有制还可以减少社会腐败现象。私有企业主领导的企业，在内部一般很少搞腐败。而在前提条件相同时，国有企业内部腐败现象则更严重一些。

私有其实就是民有，国有或共有其实就是官有。这么说虽有些绝对，但大面上是不错的。所以，私有制即民有制，国有制或共有制即官有制。如果这样命名，我们就可以理解为什么国有制或共有制不如私有制了。

私有制是国民自由权利的经济保障，可以避免官员掌握更多资源，减少国民被政府的控制程度，避免极权制度的产生。总体上看，私有制有利于社会走向民主，是社会走向民主的经济制度促进条件。

产权制度对经济发展速度的影响与市场制度对经济发展的影响类似。产权制度的变化可以明显影响短期经济发展速度，影响人均财富收益。产权公有制向私有制的转变，可以使短期经济发展速度明显提高，进而促使人均财富收益明显提高。反之，私有制向公有制转变，则可以明显导致短期经济发展速度降低，进而导致人均财富收益明显下降。

产权制度不仅仅影响资本效益或效率，还会影响科学技术发展速度，这使得产权制度不但可以短期影响经济发展速度，而且从长期看也能影响经济发展速度。

在市场经济条件下，人类的天赋状况决定我们的社会必须选择私有制，但这往往不被大家所重视。对于高储蓄率（节俭）的民族，私有制显得格外重要。私有制可以满足人们的财富需求感觉，提高大家的幸福感觉程度。在市场经济条件下，国民拥有财富的感觉非常必要，它决定了人们的消费水平（内需水平）。国民恰当的财富感觉水平，可以实现恰当的消费水平（内需水平），从而与正常的生产水平相适应，平衡社会供需，避免内需不足问题。

东亚农耕民族高度节俭，往往面临着内需不足局面，主要原因就是大家自我感觉拥有的财富还不多，还需要努力增加自我感觉的财富拥有量。这意味着，在东亚农耕地区，更全面的私有制势在必行。

延伸阅读：低福利环境遏制了中国大陆失业率的提高

低福利的社会环境不符合现代社会共识，但它也衍生出了一个副产品——可以遏制失业率。

低福利的弱肉强食的社会环境，迫使人们想法就业，减少了漫不经心地寻找工作的人。人们通常不断降低就业标准，从而促使劳动力工资价格更具有向下的弹性（中国大陆的劳动力价格是比较黏滞的，缺乏弹性，难以随着物价上涨而上涨）。低福利环境更容易实现劳动力价格的市场均衡。

低福利的社会环境促使失业率下降，失业率下降促使社会生产能力增强，进一步遏制了物价上涨。这也是大陆在拥有巨额贸易顺差并大量发行货币的情况下，通货膨胀依然不那么严重的原因之一。

第三节　司法制度对经济发展的影响

司法体系可以通过影响人们交易的信誉保障水平而影响经济发展速度。良好的司法体系可以保障合同契约的执行，降低社会交易成本。

司法体系也属于社会制度的范畴。独立于政府体系的司法体系，可以产生健全公正的法律体系，有利于社会更好地运行，也可以促进国民幸福水平的提高。独立健全的司法体系可以降低企业的各种风险，提高商业运行效率，降低商业运行成本，也有利于节约经济运行成本。

民主社会必然伴随着严谨而公平的司法体系，因为司法体系是促进社会民主的重要保障。而民主社会独立的司法体系，又会产生公正严谨的法律体系；公正严谨的法律体系有利于维护法律的尊严与权威。有尊严与有权威的司法体系，有利于让国民相信法律，自觉遵守法律，减少违法行为。独立的司法体系也是遏制社会腐败行为的根本利器，可以基本铲除各种腐败现象，降低社会运行成本。

司法体系可以通过影响人们交易的信誉保障水平而影响经济发展速度。良好的司法体系可以保障合同契约的执行，降低社会交易成本。司法体系还影响社会的腐败程度，从而影响经济发展的大环境。因此可以说，司法体系可以通过影响社会运行效率而影响短期经济发展速度。

此外，司法体系还可以影响专利权利的保护程度，进而影响人们的科研热情，从而影响科技的发展速度，进一步从长期影响经济发展速度。

第四节 中国汇率政策对经济发展的影响

货币低估是通过贱卖本国劳动力和自然资源，从而增加本国商品的国际竞争力来促进商品出口的。长期的货币低估行为，对就业率并没有影响，长期看，货币汇率被低估的本质是本国劳动力和自然资源被贱卖。

汇率政策对内需的影响

汇率政策可以分为三类：低估的汇率政策，高估的汇率政策和正常的汇率政策。中国的中央银行长期大量购买外汇，导致本国货币被长期低估。而货币被低估，又带来贸易出超（出口货物大于进口货物），产生大量外汇，这为中央银行用自己印刷的纸币购买外汇提供了条件。

中央银行在储备大量外汇后，长期出售这些外汇。这个过程可以导致本国货币被高估，降低本国物价水平，其效果与长期大量购买外汇相反。

适当地储备一些外汇是必要的，而长期大量地储备外汇，特别是对于需要大量资本投资的发展中国家而言，是很不明智的，是一种极大的资本浪费。

中央银行长期大量购买外汇，导致本国商品出口量长期大于进口量，使得某些产业畸形，且会使出口产业过度发达。产业的畸形发展需要调整，其调整时所需代价随着产业畸形的程度增大而增大。

中国中央银行是世界上少有的长期大量购买外汇的中央银行，之所以这样做，是政策继承的结果。在若干年前，这个国家的货币被自己高估，外汇很紧缺。为了掌握紧缺的外汇，国家就垄断了外汇市场，这种外汇政策一直继承到现在。而现在的金融形势已经变了，这种政策的坏处也就显示出来了。

中国中央银行不应该再增加新的外汇储备了，否则越晚调整，带来的损失就会更大。

人民银行购买外汇的物价效应

外汇是企业出口商品换回来的，其中的一部分，如果被人民银行购买，效果会如何呢？

人民银行不是普通的商业银行，不吸收普通存款，人民银行购买外汇的人民币是自己的印钞机印的，所以说人民银行是靠发行新钞票购买外币。人民银行发行钞票购买企业出口商品得到的外汇，企业用人民银行发行的钞票购买全国人民创造的各种财富。

如果人民银行购买了5000亿美元的外汇，如果按照1：6计算，则需要3万亿人民币。这3万亿人民币，人民银行只需要花很少的成本，就可以印出来，一本万利。在这个过程中，人民银行并没有创造人民币所代表的财富，而流通的人民币确实代表着财富。那人民币代表的财富从何而来呢？

这3万亿人民币的财富来源于流通人民币的持有者，不论流通中的这些人民币是存款在商业银行，还是保留在个人手中。

人民银行发行3万亿人民币，意味着人民币的持有者基本损失了价值3万亿的财富。实际的损失量略小于原来物价水平下，3

万亿的财富，等于新物价水平下的3万亿人民币。故人民银行发行人民币，基本效果是导致物价上涨。

人民银行发行3万亿人民币通过物价上涨的模式，从人民币的持有者手中获得物价上涨后价值3万亿人民币的财富。你所拥有的人民币越多，你损失的就越多，或者说，你被人民银行剥夺的财富就越多。

如果原来人民币的流通量是30万亿人民币，在增加发行3万亿人民币后，会使物价上涨10%，你会损失10%的人民币财富，这些财富包括你手中的现金、银行的存款——不包括你拥有的外币。

总而言之，人民银行购买外汇，等效于从人民币的拥有者手中获得财富。购买多少外汇，就等于剥夺多少财富。商业银行购买外汇，与人民银行购买外汇效果不同。

无限制购买外汇使人民币被低估多少

中央银行依靠新印刷的货币无限制购买自己国民手中的外汇或外来投资的外汇。这会导致外汇升值，人民币贬值。但这样的政策究竟可以使人民币贬值多少呢？

中央银行确定一个汇率价格后，如果这个汇率价格等于市场所要求的客观价格，则中央银行不靠强制措施是购买不到多少外汇的。因为中央银行的购买外汇行为本身会导致外币升值，中央银行的购买价格就低于新的市场价格水平了，自然购买不到外汇。

中央银行确定的汇率价格如果低于市场所要求的客观价格，则更没有人会愿意把外汇卖给它。

中国20世纪90年代之前，中央银行确定的汇率价格严重低于市场价格，这导致中央银行需要强制购买国民手中的外汇，人民币价值被严重高估。最终的结果是，中央银行可以购买的外汇并不多，结余的外汇更少，外汇储备微乎其微，中国处于严重缺乏外汇的状态。

中央银行确定的汇率价格如果高于市场价格，则不需要强制措施，就可以购买大量外汇。中央银行这个超级买家，会促使市场上的外汇价格明显提高，最终趋于新的均衡状态。这个新的外汇均衡价格由中央银行确定的外汇购买价格与中央银行购买外汇的规模共同决定。在其他条件相同时，中央银行购买外汇的规模越大，对市场的外汇价格影响程度就越大，也就是越能拉高外汇价格。

中央银行购买外汇的相对规模（这是相对规模，不是绝对规模。在绝对规模一定时，这个相对规模与国家的经济规模，特别是外贸规模有关）或比例与新的外汇市场均衡价格成正向关系。如果以中央银行购买外汇的规模作为横坐标，以新的外汇市场均衡价格作为纵坐标，则中央银行购买外汇的规模或比例与新的外汇市场均衡价格的坐标点会形成一个连续的曲线。这是一个逐渐向上抬高的曲线。

中央银行依靠新印刷的货币购买外汇，会导致注入国内市场的货币增多，促使本国货币贬值。这会导致本国货币的汇率价值与中央银行无限制购买外汇导致的本国货币被低估后的价值趋于一致，这个因素可以明显遏制中央银行对本国货币低估的能力。按照一般情况，中央银行依靠新印刷的货币购买外汇，所规定的外汇购买价格，在刚开始的时候，可以明显低估本国货币，或明显高估外汇价值。由于这会导致本国货币滥发，最终会因为本国货币实际购买力的减少，而难以继续按照原来的汇率价格高估外汇或低估本国货币。如果想继续高估外汇或低估本国货币，则需要提高外汇购买价格。然后又由于滥发货币导致的本国货币贬值，而难以高估外汇或低估本国货币。这意味着，需要时常提高外汇购买价格，才可以长期维持本国货币价值的被低估状态。

上面说的是一般情况，还有特殊情况。中国就比较符合特殊情况。经济的增长会导致社会需要更多货币，社会需要的货币的增加速度与经济增长速度一致。中国本身的高速经济增长状况，可以促使这个因素带来的货币需求量很大，部分填埋中央银行无限制购买外汇挖的大坑。这样，中国因为中央银行无限制购买外汇而导致的人民币实际购买力的贬值速度就可以下降许多。同样的情况或同样的行为放在其他国家，带来的通货膨胀问题就严重多了，所以其他国家是不敢这样做的。

发展中国家的经济增长会导致本国货币逐渐升值，并且货币升值的速度与经济增长速度成正向关系，这是普遍规律。这个规律与中国较低通货膨胀速度的状态共同导致中国中央银行无限制购买外汇的价格不需要经常调高，甚至调低一些，照样可以保持人民币被低估状态。

一个可以简单地判断本国货币是否被低估的办法是：在中央银行不强制购买外汇政策的情况下，却可以购买并储蓄了大量的外汇。这意味着，实际的外汇购买价格高于自由市场所达到的均衡价格，本国货币被低估了。

虽然我们难以定量估测央行无限制购买外汇的策略导致人民币被低估的幅度，但是我们可以知道中国的特殊情况导致中国央行通过购买外汇，可以实现较大幅度的人民币低估程度，还可以知道，对货币敏感的国家，即那些由热爱消费的国民构成的国家，其央行无限制购买外汇的策略，对本国货币可以产生的低估影响较小。比如热爱消费的拉丁美洲国家，其央行就难以明显促使本国货币被低估。

中国大陆地区既拥有勤俭节约的人口，又拥有经济迅速发展的条件，这导致其每年可以增发的货币较多，可以通过无限制购买外汇的策略，实现几乎是世界上最大幅度的低估本国货币的状态。

失误的汇率政策对中国经济的危害

新政府成立后的大约40年内，人民币价值被严重高估，其危害非常明显。主要危害是萎缩了中国国际贸易量，降低了中国大陆从国际贸易行为中获得的收益量，也导致外汇严重缺乏，形成的极为严厉的外汇管制政策延续到现在，已成为危害中国经济的政策。

20世纪80年代，人民币每年都在贬值，到20世纪90年代初，开始加速贬值。在这段时间内，人民币从被高估状态贬值到了被低估水平，又产生了新的危害。

近十几年来，人民币一直被低估，这导致外贸顺差长期保持较大水平，带来了产业畸形发展局面，比如低效率、低利润的出口产业过度旺盛。这意味着未来产业的调整是难以避免的，过程是痛苦的，损失是一定的。

低估本国货币，会降低外贸总体收益水平，这样的损失一般由全体国民负担。低估本国货币，导致外贸长期顺差，也是一种财富外流，这对于发展中国家来说，危害很大。

近几年中国的外贸顺差每年都超过2000亿美元，约占中国GDP的5%。这意味着中国每年5%的国民财富被转移到国外，即中国国民少使用了自己创造的5%的财富。

中国财富是怎样被转移到国外的呢？是通过发行钞票，缩水国民财富的模式（也就是缩水国内投资与消费水平）。这也是国内通货膨胀的主要原因。

低估货币汇率的本质

货币汇率被低估，基本不影响本国出口商品使用外国原材料或零部件的成本。从外国进口原材料或零部件，使用美元计算价格，使用这些原材料或零部件的出口商品价格也是使用美元计算，用同一种货币交易的结果是，汇率因素不影响成本。也就是说，货币被低估或被高估，不影响出口商品使用外国原材料或零部件的成本，即这个因素不影响本国出口商品的竞争力。

货币汇率低估只是导致本国劳动力价格和自然资源价格被降

低，进而导致本国出口商品相对便宜。也就是说，货币被低估导致出口商品竞争力增大，导致本国商品出口增多。即货币低估是通过贱卖本国劳动力和自然资源，从而增加本国商品的国际竞争力来促进商品出口的。长期的货币低估行为，对就业率并没有影响，长期看，货币汇率被低估的本质是本国劳动力和自然资源被贱卖。

延伸阅读：货币升值真的会导致外汇储备贬值吗?

如果人民币升值，会导致外汇贬值吗？人民币升值，外汇相对人民币是贬值了。而外汇是干什么的？是购买外国商品的，中国掌握的外汇是用中国的商品换来的。

人民币升值，意味着相对以前，可以用较少的中国商品换得同样的外汇，而同样的外汇依然只能购买同样数量的外国商品。

不论人民币升值多少，一定美元所能购买的外国商品是由外国的物价决定，不是由人民币的汇率决定。中国的外汇储备所能购买的外国商品是一定的，由外国的物价水平决定，与人民币的汇率没有关系。

中国人掌握的美元，购买中国国内商品的能力（如果可以购买）随着人民币的升值而减少，有人可能因此认为中国人手中的美元贬值了。但这样的贬值不是真实的贬值，而是一种假象。因为外汇是购买外国商品的，外汇是否贬值由外国的物价决定，而不是由本国（中国）的物价决定。

如果中国人用自己手中的美元购买中国商品，这些美元依然会留在中国人手中，中国人手中的美元并不会减少或增加。

第五节 美元贬值对美国的好处

美国国债上限数额的增长速度常常会大于经济增长速度，原因是存在货币贬值因素。美国国债上限数额的平均增长速度等于经济增长速度加上通货膨胀速度。美国通货膨胀速度与经济增长速度平均每年都在3%附近，这使得美国国债上限增长速度可以保持6%。这是一种合理的增长，不增加国民负担。

美国可以从美元贬值中获得较多好处

由于美元的特殊性，导致美国可以从美元贬值中获得较多好处。美国是世界上唯一一个可以通过滥发货币，获得一定收益的国家。

美元是世界贸易的通用货币，除了美国人拥有大量美元外，其他国家也有大量美元。其他国家掌握的美元等于是美国人的外债，从理论上说，外债总有一天要还的。而外债在偿还之前，美国可以通过大量发行美元使美元贬值，从而使外国人掌握的美元也跟着贬值。

如果美元每年贬值3%，意味着外国人掌握的美元也跟着贬值3%，等于美国人减少了3%的美元外债。这也是一种“还债”方法，但只有美国能用。

作为债权人的外国当然也会想方设法避免美元贬值带来的损失，主要办法是购买美国国债，把美元以各种方式存储到美国。

美国以外，不论是个人持有、机构持有或是国家持有、银行持有，这些美元只要不在美国金融机构的名下，都会受到美元贬值的损失。美国人持有的美元也会遭到贬值损失，但美国人可以通过滥发美元获得一定收益，这种收益足够补偿因为美元贬值造成的损失。

如果外国人持有3万亿美元的货币，这些美元很有可能大部分都在美国的金融系统储备，真正在美国以外的美元并不多。在美国以外的美元如果占外国人拥有美元的40%比例，就是1.2万亿美元。这1.2万亿美元每年如果贬值3%，就是360亿美元。即美国通过滥发货币，可以获得360亿美元的收益，这些收益属于全体美国人。

美国国债上限经常调整的原因

国债上限与国民生产总值具有一个比例值，可以是100%，也可以是其他比例，这称为固定比例的国债上限。固定比例的国债上限是比较科学的上限，它的实际数额可以随着GDP的增长而增长。

国债上限也可以是一个具体数额，这称为固定数额的国债上限。美国国债上限使用的就是固定数额国债上限，2010年2月是14.29万亿美元。这是美国国会为了限制政府可能的过度开支行为而设立的，即美国国债规模只能在这个范围内变化。

美国国民生产总值保持着平均3%左右的经济增长速度。经济规模的增长，意味着国家还债能力的提高，意味着国家可以拥有更多债务。国家还债的能力增长速度与经济增长速度是一致的。

但美国国债上限数额的增长速度常常会大于经济增长速度，原因是存在货币贬值因素。美国国债上限数额的平均增长速度等于经济增长速度加上通货膨胀速度。美国通货膨胀速度与经济增长速度平均每年都在3%附近，这使得美国国债上限增长速度可以保持6%。这是一种合理的增长，不增加国民负担。

国债利息越高，债务负担就越大，可以承担的债务上限就越低。由于美国国债利息低，美国可以轻松承受100%GDP规模的国债负担。而希腊国债利息相对较高，承受100%GDP规模的国债负担就大得多了，希腊债务危机就是因此产生的。

第六节　通货膨胀带给政府的货币税收益

> 社会制度也会影响人们对通货膨胀的忍耐力，至少可以影响人们对通货膨胀的反应能力。民主制度下人们对通胀的反应能力较强，因为民众可以通过选票及时给政府施压，促使政府尽力遏制通货膨胀。

通货膨胀给政府带来大量货币税收益

纸币的制造成本很低，发行多少纸币等于征收了多少纸币税。纸币是以虚拟的财富作为货币，客观上也是一种节约。如果明显增加纸币的发行规模，就会产生通货膨胀现象。通货膨胀现象虽然会降低国民手中纸币的购买力，但是却可以明显增加政府的货币税收益额。

假设通货膨胀是匀速的，到纸币贬值90%的时候，也就是单位纸币市场价值只剩余10%的时候，基本可以认为政府纸币发行规模相对原来增加了10倍。政府可以从这个过程中，获得的货币税为：市场流通的全部纸币的市场价值的10倍的55%，也就是5.5倍于市场流通的货币的总价值。

当然，这种计算没有考虑纸币的制造成本。

如果纸币贬值50%，也就是单位纸币只剩余50%的市场价值，意味着纸币发行规模倍增。政府可以从这个通货膨胀过程中，获得的货币税为：市场流通的全部纸币的市场价值的2倍的75%，也就是1.5倍于市场流通货币的市场总价值。其他通货膨胀情况，都可以如法炮制出政府通过通货膨胀模式获得的货币税收入。

这个计算方法适合短期内的通货膨胀情况，时间长了就会有误差，原因是在较长时间跨度内，人口数量会发生明显变化，社会发展程度也会发生明显变化，从而导致市场客观需求的货币发生变化。市场需要的货币与人口数量成正比，与社会发展程度成正向关系。因此，我们在计算通货膨胀给政府带来的收益额时，需要考虑不同时期的货币额的价值总量不同这个因素。

中国大陆政府从发行货币的过程中，获得的总收益等于现在货币发行额所代表价值额的若干倍。也就是说，政府曾经获得的货币税，远比市场上流通货币的总价值高。

人们对通货膨胀的忍受程度与什么有关

在通货膨胀速度一定时，经济增长速度越快，人们容忍通货膨胀的程度就越高。因为经济增长速度越快，人们的收入增长速度就越快，对通货膨胀的忍耐力就越强。类似道理，人们收入增长越均衡，对于同样的通货膨胀，忍耐力就越强。社会可以容忍的通货膨胀速度与经济增长速度成正向关系，我们在考察通货膨胀对社会的影响时，要考虑经济增长速度因素。

在通货膨胀速度一定时，社会对以日常消费品为主的通胀模式较为敏感，对以耐用消费品为主的通胀模式，忍耐力较强。短时间内，人们对日常消费品的消费量比较均衡，这些商品的价格变动，可以影响所有人特别是低收入阶层。这样模式的通胀，人们比较敏感，社会反应比较强烈。在短时间内，人们对耐用品的消费不均衡，只有一部分人口在短时间内消费耐用类商品。这导致耐用品模式的通胀在短时间内只影响少部分人口，故国民对耐用消费品模式的通胀不那么敏感。富裕阶层消费的耐用品比较多（比如轿车消费），其对通胀的忍耐力也比较强。

还有一个超级耐用消费品——房子。房子虽然是人们的必需消费品，但是短时间内，人们的消费弹性系数却可以较大。在短时间内，购买房子的人口占总人口的比例是很小的，这是房子价格上涨带来的通胀对社会影响不大的原因。房子价格上涨带来的通货膨胀，有时会让拥有房子的人群（这个人群占社会大部分人口）自我感觉良好，似乎有所收益。这也导致人们对房子价格上涨带来的通货膨胀模式不那么反感，对这样模式的通胀忍耐力比较强。可以说，对于相同的通货膨胀速度，以房子价格上涨为主的通货膨胀，要比因其他商品价格上涨导致的通货膨胀危害小。

国民的性格天赋也会影响对通货膨胀的忍耐力。性格温和的东亚人口对通货膨胀的忍耐力比较强，黑种人对通货膨胀的忍耐力比较弱。同样的通货膨胀程度，对于不同的人口群体，会有不同的影响结果。对于某个人群来说，也许会带来社会动乱，对于另一个人群来说，也许不以为意。

社会福利状况也会影响人们对通货膨胀的忍耐程度，福利越完善，人们对通货膨胀的忍耐力就越强。社会制度也会影响人们对通胀的忍耐力，至少可以影响人们对通货膨胀的反应能力。民主制度下人们对通胀的反应能力较强，因为民众可以通过选票及时给政府施压，促使政府尽力遏制通货膨胀。

第七节　这些国家为什么不是发达国家

> 许多国家之没有成为发达国家，原因主要有两类：一是曾经的社会制度因素的阻碍，比如东欧国家。二是人口的经济发展天赋的不足，这是广大亚非拉国家落后的主要客观因素。

世界上至少有150个国家或地区的综合发展水平达不到发达国家或发达地区的条件。那么，这些国家或地区为什么不发达呢？

事实上，这些国家或地区中还有一部分可以成为发达国家或地区。东欧一些国家就从不发达状态逐渐过渡到了发达状态，或正在逐渐接近发达国家的综合水平。这主要是因为东欧放弃了计划经济开始搞市场经济。东欧的情况显示了市场经济与私有制及法制化对经济发展的巨大影响力量。

广大的亚非拉国家，其中也有一些是搞市场经济、私有制、法制化的，为什么没有成为发达国家呢？根源在于这些国家的国民经济发展天赋不高。这些国家的国民大多热爱休闲，导致其国民劳动付出少，生产或积累的财富就少，不利于社会运行效率的提高。科学技术会提高社会运行效率，财富积累也会提高社会运行效率。社会运行效率决定人们单位时间的劳动效果，人们的财富收入还取决于人们的劳动付出量。这些国家的国民热爱消费，不爱储蓄，这导致他们的财富积累不足，资本投资不足，进而使得经济发展速度较慢。

在广大的亚非拉国家群体中，也存在一定的经济发展天赋差异。拉丁美洲人口的综合经济发展天赋相对略高一些，亚洲人口的经济发展天赋也相对略高一些，而撒哈拉以南的非洲人口的经济发展天赋相对最低。这些人口的经济发展天赋的差别，也导致了他们的经济发展程度差别。

石油出口国家，由于可以靠地下的石油资源获得暴利，因此可能成为比较富裕的一类国家。石油富裕国家是靠自然资源走向富裕的典范代表。事实上，石油是现在唯一的可以使部分国家走向富裕的自然资源，其他自然资源还没有导致类似富裕程度国家的产生。但是，在2012年以前石油国家却没有成为发达国家，这主要是因为这些国家的一部分标准达不到发达国家的水平。未来也许随着这些国家其他标准的提高，它们也有可能成为新的发达国家（现在的卡塔尔已经达到发达国家综合标准了）。综合而言，这些石油国家是靠丰富的石油资源弥补了经济发展天赋的不足，从而迈入发达国家行列的。

综上所述，许多国家之没有成为发达国家，原因主要有两类：一是曾经的社会制度因素的阻碍，比如东欧国家。二是人口的经济发展天赋的不足，这是广大亚非拉国家落后的主要客观因素。

需要声明的是，人有很多天赋因素，经济天赋因素只是其中之一，说某类人经济天赋不足没有种族歧视的含义。经济天赋不足者其他天赋可能较高，比如非洲与拉丁美洲人口的娱乐天赋很高，能歌善舞。而且，经济天赋并非是决定一个国家能否跻身发达国家的决定性因素。

延伸阅读：加勒比海地区两个黑色人种富裕国家

巴巴多斯的面积只有430平方千米，人口28万，每平方千米650多人，是美洲人口密度最大的国家。黑种人占90%，白人和混血种人各约占5%。是英国前殖民地，通用英语。

2013年人均GDP16804美元，居拉丁美洲第4名。耕地面积比例较大，这是其人口密度大的根本原因。巴巴多斯也发展制造业，出口一部分制造业产品。在工业体系如此不完善的小国，竟然可以发展有竞争力的制造业，这确实很不简单。旅游业是巴巴多斯比较重要的产业。

安提瓜和巴布达，面积441.6平方千米，人口8.57万，人口密度为194人/km^2，2009年人均GDP13852美元，居拉丁美洲第3名。主要是黑种人，也有少数英国人和葡萄牙人，英语为官方语言和通用语。英国前殖民地，最重要的产业是旅游业。

巴巴多斯、安提瓜和巴布达是两个神奇的黑种人国家，两个值得黑种人骄傲的国家，是黑种人不远万里从非洲来到拉丁美洲，取得的最好的生存成绩之一。它们有许多共同点：同属于一个区域，同属于黑种人国家，具有同样的社会制度和历史进程，都曾经是英国的殖民地且独立比较晚，都存在一定比例的白人人口，都是比较富裕的国家。这两个国家显示了一个信息，即黑人国家在不折腾的基础上，比如尊重历史历程、尊重民主自由制度、与殖民地原来的统治者和谐相处、充分利用本国的相对优势、与各个种族人口共同建设自己的家园，是可以实现较高富裕程度的，也是可以实现较高生活质量的。

第八节　美国一直对苏联保持领先

苏联只是把有限的财富大量运用到军事和外交上，才显得可以与美国比肩。但从战争潜力上看，苏联要大大逊色于美国。如果美国也把同比例的财富运用到军事上、外交上，那么美国可以敌得上两个苏联。

20世纪80年代，苏联的工业生产规模比较接近美国了，二者被认为是并驾齐驱的超级大国。可如果从经济结构上分析，此时的苏联与美国还相差很远。苏联的工业生产规模与美国比较接近，但并不代表其GDP与美国GDP比较接近。换句话说，苏联与美国的GDP构成差异很大。

美国实行的是市场经济，国民高度自由，国民消费可以多样化，工业品的消费只是国民消费商品中的一类。在当时美国国民的消费商品中，工业商品占的比重甚至不到一半。而苏联实行的是计划经济，国民消费受到限制，国民创造的财富大部分用于再生产。因此，苏联的GDP构成中，工业产值占的比重较大。

假定美国工业产值与苏联工业产值一样多。由于美国工业产值只占本国GDP的三分之一（现在的美国工业产值只占GDP的百分之十几，其核心制造业占GDP不足10%），而苏联工业产值却占本国GDP的三分之二，因此这样算来，美国GDP总额就是苏联的两倍。可见，当时的苏联与美国相比，在GDP总额上的差别是不小的。

根据汇率计算，苏联工业产值可以与美国工业产值一样多，因为苏联没有自由的外汇市场，采取了货币被严重高估的外汇政策。苏联货币的真实价值应该与黑市汇率价格类似，略高有限。如果按照黑市汇率价格，苏联的GDP相对美国就更低了。如果苏联货币被高估100%，那么苏联实际的GDP总额就只相当于美国GDP总额的四分之一。两国人口数量相似，故人均GDP差距也是苏联只有美国的四分之一，这也意味着两国的社会运行效率相差4倍。美国科学技术先进，社会制度先进，社会运行效率比苏联高，故美国国民创造的财富比苏联国民创造的财富多，也是自然的。

这可以从苏联工业产品质量上看出来。苏联工业产品总量可以与美国相媲美，但质量却不如。我们知道，相同的产品，市场价格相差较大。如果按照市场价格计算，苏联工业产品的总价格应该低于美国工业产品的总价格，即苏联的工业产值没有美国的工业产值高，虽然其工业规模与美国相差不大。

20世纪80年代的苏联与同时期的美国相比，在经济总量上要逊色许多。苏联只是把有限的财富大量运用到军事和外交上，才显得可以与美国比肩。但从战争潜力上看，苏联要大大逊色于美国。如果美国也把同比例的财富运用到军事上、外交上，那么美国可以敌得上两个苏联。另外，苏联的科学技术与美国相比也要逊色许多。苏联只是在军事类科学技术上可以与美国相比，在其他领域上一般都差许多。而苏联军事类科学技术比较先进的原因是，在这方面投资巨大，军事科研投入占国家GDP的比例远高于美国，并且继承了德国的大量技术。

第九节 拉丁美洲经济处于二流的原因

> 拉丁美洲之所以相对发达国家落后，根本原因是人的经济天赋水平差异。拉丁美洲人口的国民平均勤劳程度没有发达国家高，国民节俭平均程度也没有发达国家高。拉丁美洲人口的平均天赋状况，也是拉丁美洲比非洲相对富裕的根本因素。

拉丁美洲是世界中等富裕国家的集中分布地区，生活水平仅次于发达国家及富裕的石油国家，与东欧国家及二流石油出口国家并列。可以说是比上不足，比下有余。

拉丁美洲的经济状况为什么会有此种表现呢？可以先来考察拉丁美洲的自然资源、气候、地理位置等各种因素。

拉丁美洲是世界人口相对稀少的地方，究其原因，主要是因为这个地方是移民地区（新大陆）。由于人口相对稀少，人均自然资源自然相对丰富，至少不比欧洲大部分国家差。拉丁美洲气候也不错，是一个宜居的好地方，所以其相对发达国家贫穷的原因应该不是人均自然资源因素与气候因素。

拉丁美洲国家有几十个，只有两个是内陆国家，剩余的都是临海国家或岛国。拉丁美洲国家还紧邻世界经济最发达、文化最先进的美国，所以其相对贫穷的原因不是地理位置所致。

拉丁美洲国家大部分都是19世纪初期独立建国的。最早建国的海地，只比美国建国晚了28年；其他拉丁美洲国家的建国时间也只比美国晚50年左右，早于许多发达国家如韩国、新加坡、加拿大与新西兰等。可见，导致拉丁美洲相比发达国家贫穷的原因，也不是建国长短因素。

而且，拉丁美洲近百年来战争很少。要知道欧洲可是打了两次世界大战，几乎大部分发达国家都参与了。如果要是发战争财的话，拉丁美洲可以说最有优势条件。所以，其不如发达国家的原因也不是战争因素所致。

是因为没有高度民主吗？应该也不是这个因素。拉丁美洲国家确实在过去不是高度民主国家。但是现在的发达国家中，有一部分过去也不是高度民主，如拉丁美洲的两个宗主国西班牙与葡萄牙，如韩国等。所以拉丁美洲相对发达国家贫穷的原因应该与过去没有高度民主无关。

拉丁美洲有两个盛产石油的国家，墨西哥与委内瑞拉。委内瑞拉要比墨西哥人均产石油多，但是委内瑞拉却没有墨西哥富裕，主要是两国制度的细微差别所致。委内瑞拉曾大搞国有化运动，这对经济发展很不利。此外，墨西哥由于紧邻美国，与美国形成了统一市场，因此对经济发展很有帮助，这是墨西哥相对委内瑞拉的重要优势。

除了某些国家因为社会制度因素影响了经济发展水平之外，拉丁美洲大部分国家受到社会制度的影响比较小，故社会制度在导致拉美现状方面应该是一个次要因素。

拉丁美洲之所以相对发达国家落后，根本原因是人的经济天赋水平差异。拉丁美洲人口的国民平均勤劳程度没有发达国家高，国民节俭平均程度也没有发达国家高。拉丁美洲人口的平均天赋状况，也是拉丁美洲比非洲相对富裕的根本因素。拉丁美洲在世界上之所以处于现在这个经济状态，原因是拉丁美洲人口的国民天赋因素在世界上处于这个中间状态，其经济表现与人口的天赋水平相适应，基本是一种正常表现。所以，拉丁美洲经济现状的表现不是偶然的，而具有某种必然性。

第十节　撒哈拉以南非洲发展缓慢的原因

撒哈拉以南非洲的民族发展还很不成熟，民族之间正在走向融合，但融合的代价很大，有时甚至需要付出血的代价，且这种民族融合需要很长时间。撒哈拉以南非洲常常爆发民族间的冲突，这也严重影响了经济发展速度。

撒哈拉沙漠以南的非洲是世界上接受外援最多的区域，但也是世界最穷的区域。撒哈拉沙漠以南的非洲为什么经济发展如此缓慢呢?

首要原因是面积广大、人口相对稀少，难以形成规模效益。而人口的增加是件相对缓慢的事情，且就算人口再增加一倍，其人口规模效益与其他地方相比还是不大。更为主要的是，撒哈拉以南的非洲养活不了那么多人口，现在连温饱都没有解决，又怎有能力养育更多人口呢？

中国在100多年前，东部的人口密度就是撒哈拉以南非洲现在人口密度的几倍。所以从人口密度与人口规模优势上看，中国优于撒哈拉以南非洲。撒哈拉以南非洲的气候与自然条件相对差一些，这决定了那里的人口密度相对要稀少，无法形成密度优势与规模优势，这是其发展相对缓慢的一个客观因素。

第二，撒哈拉以南非洲没有形成统一的大市场。整个撒哈拉以南非洲的人口总量只是中国的一半，却分成了几十个独立的国家，形成了几十个相互独立的市场。市场规模太小，对经济发展来说也是一个较大的劣势。

但是，想让撒哈拉以南非洲形成一个统一的大市场，简直难如上青天。

第三，民族众多。大概世界上再也没有一个地方的民族数量比撒哈拉以南非洲更多了。撒哈拉以南非洲的民族大都不是真正的民族，其前身只是部落或部落联盟。哪怕在一个较小的国家，这样的民族也多如牛毛。国家内部，各民族之间交往也不方便，语言不通，严重阻碍了先进文化的传播。更为不利的是，各民族之间相互隔阂，互不信任（这个危害很大，容易导致族群冲突），使人们的交往范围比较窄，导致国内市场相对更为狭小。

撒哈拉以南非洲的民族发展还很不成熟，民族之间正在走向融合，但融合的代价很大，有时甚至需要付出血的代价，且这种民族融合需要很长时间。撒哈拉以南非洲常常爆发民族间的冲突，这也严重影响了经济发展速度。

第四，上个世纪50年代以后，撒哈拉以南非洲各国相续独立。在独立后，许多国家接受了苏联的思想，大搞公有制企业，限制甚至排斥外资，一定程度上影响了经济发展。

第五，民族天赋与文化因素，这也是一个很重要的原因。撒哈拉以南非洲处在热带，基本没有经过农耕文明的洗礼，勤劳、节俭以及智慧等民族天赋要逊色一些。而且，他们具有某些奇特的价值观，比如有些国家不认为勤劳是美德，反而认为是奴隶特色。

第六，中国现代经济崛起太晚，这也影响了撒哈拉以南非洲的富裕程度。中国庞大的人口规模，客观上可以形成庞大的现代经济体系。中国的崛起，通常会导致对自然资源的需求大增，促使世界市场的自然资源价格上涨，这对人口稀少、自然资源丰富的非洲很有好处。可这毕竟是近几年的事情，如果中国现代经济早崛起30年，资源丰富的非洲国家就可以多占30年的便宜，也许会比现在富裕一些。

总之，撒哈拉以南非洲要想进一步发展，实现民主是重要的一步。其次，要接受世界上先进的文化，这可以与发展民主遥相呼应。还应建立勤劳、节俭的观念，并欢迎外资。同时，要在国内普及统一的语言，大力发展教育。此外，实行人口集聚政策也是重要措施。各国可将人口吸引到一起形成集聚带，如加拿大人口集中在国土南部与美国相邻的狭长地带上，澳大利亚人口集中在东南部与西南部。撒哈拉以南非洲各国也应该如此，主动让人口集聚起来，以提高发展速度，降低发展成本。

第十一节　世界允许并应鼓励中国成为发达国家

> 如果中国成为发达国家，世界的自然资源不会不够用，只是可能价格会比较高，这还是一种最坏的设想。如果乐观一些，也许自然资源价格会更便宜。

世界允许中国成为发达国家

发达国家的主要标志是人均GDP较高。人均GDP的主要决定因素是科学技术水平（生产力水平），而科学技术水平不会随着人口数量增减而自动变化，因此，人口数量因素对一个国家能否成为发达国家影响不大，这是人口众多的国家客观上可以成为发达国家的主要原因。

有人认为，世界上现在的发达国家群体只有10亿人口，而中国有13亿人口，中国如果成为发达国家，会使发达国家人口总量倍增，导致世界的自然资源不够用。这样的想法正确吗？这其实是一种刻舟求剑式的僵化思维。

如果中国成为发达国家，世界的自然资源不会不够用，只是可能价格会比较高，这还是一种最坏的设想。如果乐观一些，也许自然资源价格会更便宜。因为发达国家人口是世界上科学技术的最主要贡献者，发达国家人口数量增多，意味着接触最先进科学技术的人口数量增多，意味着科学技术的前进速度增大，意味着人类拥有了更强大的自然资源开发能力或更廉价的自然资源开发方式，或寻找到新的更廉价、更清洁的自然资源，或能更节约地使用自然资源。当然，这是一种最乐观的设想。

我们按照悲观的设想，估计一下中国成为发达国家的情况。发达国家人口数量增多，导致自然资源的消耗增多，从而导致自然资源价格上涨许多。而这会对发达国家国民的生活质量有多大影响呢？我们可以根据发达国家的生产总值构成来计算影响程度。自然资源产值占发达国家产值的比例较低，如果按照3%计算（美国近期矿产资源产值占GDP的1.5%，发达国家矿产资源产值大约占GDP的2%），哪怕自然资源平均价格提高三倍，其占发达国家GDP的比例依然不高，所以对发达国家国民生活质量的影响依然不大。

具体分析一下可知，世界依然可以满足中国的资源需求，世界允许中国成为发达国家。

中国2009年水泥产销量为16.5亿吨，占世界的60%以上。中国2009年粗钢产量为5.68亿吨，比2008年增长13.5%。2009年中国粗钢产量占世界产量比重达47%，比2008年上升了7个百分点。在10年前，谁能相信中国粗钢产量会这么多呢？谁能相信世界会允许中国获得这么多铁矿石资源呢？但是中国确实获得了这么多铁矿石，并且生产了这么多粗钢。这个例子可以反证许多设想的高度愚蠢。比如，有人认为中国石油消耗量未来达到发达国家的平均水平，会把世界生产的石油用光。可问题是，中国人均用油怎么会达到发达国家的平均水平呢？

现在世界石油年产量40亿吨，年贸易量20亿吨。中国只是进口了2亿多吨石油，相对美国4亿吨石油进口量并不显眼。有什么理由认为中国进口石油不可以增加呢？中国为什么不可以成为世界第一大石油进口国呢？中国已经是许多矿产资源产品的最大进口国家，也是世界一些矿产资源的最大出口国。中国之所以没有进口更多的石油，是因为中国暂时没有能力消耗更多的石油。事实上十几年以来，中国石油进口量从无到有从少到多，也没出什么大问题。中国未来石油需求量会逐渐增大，没有必要阻挡或遏制。

中国未来人均石油消耗量会接近日本。日本现在每年大约消耗2亿吨石油，中国人口规模是日本的10倍，中国未来石油消耗量可能会达到20亿吨。如果考虑到未来车辆会更加节油，以及油价的上涨导致的节约用油因素，或电动汽车的逐渐普及因素，中国未来石油消耗量大概永远也达不到20亿吨。如果电动汽车普及顺利，中国未来石油消耗量不到10亿吨也是有可能的。

中国未来哪怕按照20亿吨石油消耗量计算，也只是占现在世界石油消耗总量的50%；如果那时其他国家的石油消耗量为每年40亿吨，那中国会占那时世界石油消耗量的33%。这个数据也没有什么大不了，中国占世界总量大头的东西多了，没有什么可吃惊的。

海湾地区石油储量占世界已探明储量的60%，且油层浅，开采条件优越，油质好（含硫低），生产成本世界最低。但是，海湾地区却只生产了占世界大约26%的石油，这是由欧佩克的垄断所致。在欧佩克成立前，海湾石油产量占世界的40%，欧佩克的成立带来油价高涨，并导致海湾地区占世界产油量的比例下降。这说明海湾地区石油增产量还存在很大增长空间，客观上，世界可以生产更多石油。

中国的石油增产潜力确实不大，这无关紧要。中国现在的汽油价格确实达到了世界较高水平，这说明中国可以用得起进口石油，不必急于开发国内的石油。中国增加消耗的石油可以完全来自进口。毫无疑问中国迅速增长的石油进口量，会导致世界石油价格上涨。石油价格上涨是石油进口国家应共同面对的事情。在石油价格上涨一定程度后，欧佩克会公开增加产量，欧佩克成员国家也会偷偷增加产量。非欧佩克国家也会增加石油产量。这些行为会增加世界石油供应。

中国成为发达国家会让世界受益

发达国家之所以称为发达国家，原因是其科学技术水平高，带来的社会与经济运行效率高，进而使国民实现了较高的生活水平。如果中国成为发达国家，包括中国在内各个发达国家的科学技术水平都会很高，社会与经济运行效率也会较高，各国国民照样可以较好地生活。

如果中国成为发达国家，各国人口会有许多新的可能收益。发达国家人口增多，会导致人类对高科技产品需求的增大，从而提高科技产品的供给能力。如此，高科技产品会有更大的规模效益，从而降低价格。包括中国在内的发达国家群体，对科学技术的总体投资规模也会更大，会培养更多的人才，促使科学技术更快地发展。

中国经济的发展，会提高自然资源价格，对掌握自然资源的国家尤其是穷国很有好处，可能让它们获得寄生性富裕。

中国成为发达国家，也许会使发达国家人口总体生活质量提高，也许会是维持不变，也许会是有所降低，但情况至少不会太糟糕，世界客观上允许中国成为发达国家。

是否成为发达国家的排他性是很弱的，或不存在的，甚至还有相反的效应。这与体育比赛的名次不同，不是你进入某个名次，别人就进入不了这个名次。其实，如果条件允许，大家都可以成为发达国家。

在发展中的人口数量大国中，只有中国才具备潜在的成为发达国家的客观条件，这是由于人口经济天赋因素所致。

中国拥有勤劳、节俭、聪明的国民，这导致中国客观上完全具备成为发达国家的人力条件。成不成为发达国家取决于我们的主观行动，取决于我们是否愿意继续深化改革、消除弊政。这是一个出伟大政治家的时代，是改变中国命运的时候，身居其位者应该抓住这个千载难逢的机会，跻身于伟大人物行列。

中国成为发达国家具有较强的利他性，特别是对东南亚国家具有很大好处。富裕以后的中国人口，会更加热爱休闲旅游，就近前往东南亚的休闲旅游规模可能会几十倍地膨胀，且人均旅游时间更长，而不是原来的走马观花式旅游。这个影响会是巨大的，对东南亚国家人民的收入水平提高会很有帮助，甚至会导致部分国家因此而富裕，成为以旅游为支柱产业的富裕国家，或二流发达国家。

客观上中国可以成为哪类富裕国家

寄生性富裕模式只适合于少量国家。如果大量国家都寄生，则世界的财富创造者就相对少了，就难以供应寄生者。如此一来，寄生者也难以继续寄生，也不可能通过寄生实现高度富裕了。

比如，如果盛产石油的国家数目再多一些，就会有更多的国家进行石油的出口业务，其相互间的竞争也会激烈起来，石油价格自然会被压低，结果是石油出口国都无法通过出口石油实现富裕。可见，寄生性生活只适合于少数国家，对于世界第一人口大国的中国而言，想通过寄生模式实现国家富裕是不可能的。

靠自己的智慧与劳动获得财富，而不是靠自然资源换取别国创造的财富，这就是非寄生性富裕模式。由非寄生性富裕模式的定义可以看到，拥有勤劳而聪明国民的国家会比较容易走向富裕。不具备这些天赋的国家，则难以实现非寄生性富裕。靠自然资源获得寄生性财富的国家，其富裕理论与计划生育富裕理论本质一样，都是通过减少自己国家的人口数量，来增大人均自然资源占有量，从而增加寄生性收入。

非寄生性富裕国家群体，可以分成创造性富裕模式国家与依赖性富裕模式国家。创造性富裕模式国家的富裕程度由本国国民决定，依赖性富裕模式国家的富裕程度主要由其他富裕国家的富裕程度决定。

依赖性富裕模式国家根据自己的某些优势发展一些支柱产业，比如旅游业，成为比较富裕国家。世界上有一批这样的面积小人口少的富裕小国，主要是分布在加勒比海地区、太平洋、印度洋的一些岛国。在印度洋中，著名的有马尔代夫、塞舌尔、毛里求斯等，这些国家都是局部地区最富裕的国家之一。

中国是人口大国，也是自然资源大国，中国对世界的影响通常较大且立竿见影，不可能靠自然资源的出口获得寄生性富裕，只能脚踏实地地靠自己的智慧与劳动获得财富，即中国只能走创造性富裕模式这条大道。创造性富裕模式是世界大部分富裕国家的富裕模式，中国作为一个大国，更不会例外。

第四章

人口数量因素对经济发展的影响

第一节　简要介绍一点人口理论

> 环境人口容量与合理人口容量在定义时，没有考虑局部地区人口的规模效益与密度效益，也没有考虑局部地区人口经济天赋水平及社会制度水平的差异，这导致环境人口容量与合理人口容量的定义不够科学。局部地区的环境人口容量与合理人口容量，往往难以判断地区之外的自然资源对本地区的供应情况，这也导致局部地区的环境人口容量与合理人口容量很不准确。

环境人口容量与合理人口容量

一个国家或地区的环境人口容量，是在可预见的时期内，利用本地资源及其他资源、智力和技术等条件，在保证符合社会文化准则的物质生活水平条件下，该国家或地区所能持续供养的人口数量。

一个地方的环境人口容量与自然资源拥有量、科学技术水平成正向关系，与地区居民的综合生活水平成反向关系。一个地区的合理人口容量，不仅仅取决于本地的自然资源，还与本地获得外来资源的能力有关。仅仅根据本地的自然资源来判断本地的环境人口容量是不合理的。

环境人口容量与科学技术水平成正向关系。科学技术水平不是定量，是随着时间逐渐前进的，同一个地区或国家，不同时间的环境人口容量是不同的。未来社会，环境人口容量会更大。用环境人口容量预测国家的人口容量，需要考虑时间因素。原来认为合理的人口数量预测，现在也许就不合理了。

我们掌握或可以开发的自然资源也不是固定的，自然资源的种类会随着人类科学技术的发展而变化（一般是增加）。自然资源还与人们发掘自然资源的努力程度有关，努力程度越大，掌握的自然资源一般就越多。我们掌握的自然资源拥有量还与地下或地上客观存在的自然资源数量有关。

合理人口容量是指按照合理的生活方式，保障健康的生活水平，同时又不妨碍未来人口生活质量的前提下，一个国家或地区最适宜的人口数量。

合理人口容量是在环境人口容量基础上提出的概念，是个虚数概念，也没有准确数字。合理人口容量与环境人口容量的主要差别是：合理人口容量要求人们的生活水平较高，人均消耗的资源较多，养活的人口数量自然会少一些。一个地区的合理人口容量比环境人口容量小了一些。

合理人口容量与自然资源拥有量、科学技术水平成正向关系，与地区居民的综合生活水平成反向关系。合理人口容量同样是时间的函数，会随着时间增加而增加，因为科学技术水平会随着时间增加而提高。

合理人口容量概念没有考虑人口的规模效益。比如，某个地方人均耗费的自然资源不是与人口数量成正比，而是成正向关系，这个正向关系比例强度比正比关系小一些。人口数量还影响自然资源的价格，而自然资源的价格会影响人们寻找或开发自然资源的热情，从而影响我们掌握的自然资源总量。人口数量因素还影响科学技术的发展速度，较多的人口数量，可以实现较快的科学技术发展速度，有利于人们找到更多自然资源或更节约自然资源。

人们预测的环境人口容量与合理人口容量，基本都没有考虑人口的规模效益。如果考虑人口的规模效益，环境人口容量与合理人口容量，都会增加许多。可见，根据环境人口容量与合理人口容量做出的人口政策，一般是比较过激的，具有较大的不合理性。

更为重要的是，环境人口容量与合理人口容量都没有考虑人口经济天赋因素。各国或各地人口经济天赋状况存在较大差异，这是普遍的事实。在资源总量相同时，经济天赋高的人群，可以更好地利用有限的自然资源。人口天赋因素还会较大影响科学技术的发展，从而影响开发资源的能力，影响资源使用的效率或效果。因此，环境人口容量与合理人口容量还与人均经济天赋水平成正向关系。在判断某个地方的环境人口容量与合理人口容量时，需要考虑经济天赋因素。

除此之外，环境人口容量与合理人口容量还与社会制度状况有关。在相同的前提条件下，良好的社会制度可以实现较大的环境人口容量与合理人口容量。社会制度因素还会影响科学技术的发展速度，从而影响人类掌握的自然资源总量及使用自然资源的水平。因此，环境人口容量与合理人口容量与社会制度水平成正向关系。在判断某个地方的环境人口容量与合理人口容量时，需要考虑这个地方的社会制度水平。

环境人口容量与合理人口容量在定义时，没有考虑局部地区人口的规模效益与密度效益，也没有考虑局部地区人口经济天赋水平及社会制度水平的差异，这导致环境人口容量与合理人口容量的定义不够科学。局部地区的环境人口容量与合理人口容量，往往难以判断地区之外的自然资源对本地区的供应情况，这也导致局部地区的环境人口容量与合理人口容量很不准确。可见，根据环境人口容量与合理人口容量判断局部地区人口数量是否过剩，判断结果是很不准确的，根据这个很不准确的判断结果做出人口政策决定，是很不科学的。

人口控制论的瑕疵

人口控制论的内容，从数学角度看，是较为完善、较为正确的东西。可如果仅仅靠人口控制论的内容作为指导是会带来灾难的。社会是复杂的，看似科学的东西，在社会系统运用起来，往往会带来难以想象的麻烦。

人口控制论在社会系统的运用，带来麻烦或灾难的重要原因是适度人口或最佳人口数量的估测困难。适度人口数量或最佳人口数量的估测困难或估测结果的多样性，显示了人口数量控制目标的不准确，显示了人口控制论在社会系统具体运用时可能不正确，部分显示了人口控制论在社会中具体运用的荒谬性。适度人口数量估计值，决定国家所向往的实际生育率，而国家所向往的实际生育率与国民的自由生育率，共同决定国家的政策生育率。

在考虑老龄化程度与不考虑老龄化程度时，最佳生育率应该有所不同。

人口控制论的具体运用或人口控制论本身，没有考虑人口自由生育率的变化。人口自由生育率会随着社会发展而逐渐变化，这就减少了人口控制论具体运用的价值以及增大了可能产生的社会危害程度。

人口控制论具体运用的最主要危害是族群政策的不公平或不一样。不同的族群拥有不一样的生育政策，这会导致族群实际的生育率差别较大，长远看会改变国家的人口构成，这是人口控制论所没有提到的事实。

生育控制逻辑

在现代社会，各种避孕措施的产生，使人类的生育具有可控性，人口的生育控制具有了可能性。人类生育的控制确实有必要，不论是发达国家还是发展中国家，都需要对自己国民的生育行为进行适当控制，为的是实现国民实际生育率与最佳生育率相一致。

社会所要求的最佳生育率，主要受到本国与外国自然资源状况、科学技术水平的影响，还受到本国人口天赋以及经济发展速度、人口结构状况的影响。

对于世界大部分国家，人口可持续发展所要求的生育率就是最佳生育率，即维持人口数量基本稳定的生育率。

平均每个妇女生育2.1个孩子的生育率是富裕国家的最佳生育率，也几乎是永久性的最佳生育率。永远维持这个生育率，可使人口数量永远保持可持续发展。低于这个最佳生育率，人口数量会逐渐萎缩。

在人们可以自由避孕的条件下，政府不干涉国民生育，这样条件下的国民生育率就是自由生育率。

现实自由生育率与社会最佳生育率很难一致，人类自由生育率受到社会思想和社会发展程度的影响，以及社会福利的影响。一般社会福利好了、社会发展程度高了，自由生育率就会降低。发达国家通过各种措施奖励国民生育，但效果不明显。而部分发展中国家由于发展程度比较落后，福利也比较差，自由生育率比较高，甚至高于社会最佳生育率。还有部分发展中国家生育率也很低，甚至比发达国家还低，比如俄罗斯与部分东欧国家。

部分国家不仅存在着生育率过低的事实，还存在着更严重的潜在危机。部分国家国民内部人口的生育不均匀，严重危害着部分国家的未来，改变着部分国家内部人口的族群构成及国民天赋的平均水平。比如美国，非洲裔与墨西哥裔生育率最高，白人生育率比较低，这导致美国白人人口比例逐渐下降，会较大影响美国的未来形势。

如果生育率低于世代可更替水平，意味着未来人口数量会萎缩，人口结构高度老龄化。而人口数量的萎缩和结构的老龄化会降低国家的发展潜力。可更替水平生育率对于发达国家是每个妇女平均生育2.1个孩子，对于发展中国家是每个妇女平均生育2.3个孩子。

自由生育率随着社会发展而下降

古代社会，饥饿与疾病或战争遏制着人口增长，人口数量处于波动状态，平均人口数量远离当时生产力及自然条件所决定的饱和人口数量水平。生活、生产技术提高一些，大自然所养活的人口数量就会提高一些，平均人口数量也会跟着提高一些。

现代社会各种避孕技术的产生，可以满足人类的生育愿望，促使人们按需生育。按需生育的生育率就是自由生育率。在按需生育的情况下，人们对养育孩子的需求随着社会发展而逐渐变化着。按照现在的情况，人们对养育孩子的需求量在逐渐减少。

养育孩子是幸福的，也是忙碌的。在人们相对贫穷时，可以选择的幸福内容较少，因此，人们较多地选择通过养育后代而获得幸福。随着社会的发展，人们可以获取幸福的内容越来越多，而人们的精力与时间有限，为了获取其他丰富多彩的幸福，人们会把以前通过养育后代而获取幸福的时间与精力转移到那些能得到更多幸福上或更具有吸引力的内容上。现在的发达国家每个家庭平均不到两个孩子，人口总量出现萎缩。

一个家庭养育小孩而获得的幸福或收获与小孩的数量有关，养育小孩数量与父母幸福或收获的关系，符合边际递减规律。

如果某个家庭生育的第一个小孩给这个家庭带来的幸福或收获总量为10，付出的努力或代价为5，那么这个家庭的收获为10减去5等于5。生育第二个小孩给这个家庭带来的幸福或收获总量就会小于10了，假如为8，假如付出的努力或代价不变，仍为5（由于业务熟练，努力或代价会降低一点，但不多），那么收获就是8减去5得3。这个家庭的第三个孩子在养育过程中带来的幸福或收获就会更少，假如为5，付出的努力或代价与上面的两个差不多，如果仍为5，最后获得的幸福或收获为5减去5得零，这个家庭会面临是否要这个小孩的问题。大概这个家庭不会再要第四个孩子了，如果有各种避孕技术的话。如果考虑机会成本，这个家庭也许连第二个孩子也不会生育，因为用同样的时间搞其他事情获得的收获或幸福可能会更大，作为利己的人，当然会选择更大的收获或幸福。

第二节　娱乐及旅游产业的人口规模效益

> 自然风景在国家范围内的名气一定时，其游客多少主要取决于国家的人口数量与人均富裕程度；在局部区域的名气一定时，其游客多少主要取决于所在局部区域的人口数量与人均富裕程度。

人口规模或人口密度因素曾对古代社会的发展产生巨大影响，对现代社会也同样具有较大影响，下面我们作一下阐述。

娱乐业的人规模效益

部分娱乐产业存在很大的人口规模效益，这些产业的效益与人口数量成正向关系，如电影产业、电视产业、歌曲产业、娱乐书籍产业等。一般来说，社会的人口数量越多，这些产业的收益就越大，价值就越高，对社会的贡献就越多。

比如一部电视剧，投资总额基本已定，其收益与观众规模成正向关系。看得人越多，投资方的收益就会越大。而且随着社会发展程度的提高，这类具有人口规模效益的产业的比重会越来越大。这也意味着人口规模效益的影响在逐渐增大。

旅游业的人口规模效益

旅游产业是现代社会中的重要产业，社会越发达（先进），旅游产业就显得越重要。旅游属奢侈消费，人均在旅游方面的消费量会随着富裕程度的增加而增加。旅游产业发展还存在极大的人口规模效益。如许多旅游项目要求一定的人口规模门槛才能启建，越是综合性的大规模旅游项目，比如主题公园等，要求的人口数量门槛就越高。迪士尼游乐园是很难在人口稀少的中小国家建立起来的。

三亿人口的美国只有两个迪士尼游乐园，一亿多人口的日本只有一个迪士尼游乐园。法国只有一个迪士尼游乐园，且仅仅靠一个法国还支持不了它运转，需要吸引西欧其他国家的人口去游玩，才能保证它赚钱。可见，迪士尼游乐园对于高消费的发达国家的人口数量门槛要求很高，而对于发展中国家的门槛要求就更高了。我国香港也建设了一个小迪士尼游乐园，尽管这个游乐园吸引了香港、台湾、新加坡及近亿的广东人口，但依然难以赚钱。

考虑到人口数量因素，整个非洲恐怕不会有迪士尼乐园，加拿大也不会有，澳大利亚更不会有。据估计，迪士尼游乐园是旅游产业人口规模门槛最高的一个。这是旅游项目要求人口规模门槛的一个典型缩影。这类旅游项目的收益主要取决于周围区域的人口数量以及人均富裕程度。因为这些旅游项目的投资几乎是固定的，游乐景点接待游客的边际成本几乎为零，具有明显的人口规模效益。

上述阐述的是人工旅游项目中人口密度及规模效益的重大意义。实际上，如文物古迹、自然风景区等旅游资源的发掘，也依赖于一定的人口密度和规模效益。

文物古迹是历史形成的，故其数量、规模或质量与现在的人口数量没有多少关系。文物古迹在人们心目中的价值主要取决于其本身的价值，这也决定了其吸引力。在文物古迹吸引力一定、门票价格一定、人们收入一定时，其吸引的游客数量，主要取决于国家或类似文化地区或周边地区的人口规模。文物古迹带来的旅游收益存在很大的人口规模效益。

比如我国的敦煌石窟、长城、故宫等，其旅游收益也与我国的人口数量成正向关系，与我国国民的人口密度成正向关系，与我国国民的富裕程度成正向关系。这些具有全国性影响的文物古迹，其旅游收益主要由全国人口数量决定，而一些地区性的文物古迹，由于名气主要在局部地区，因此其旅游收益主要由当地的人口数量与富裕程度决定。

而自然风景区作为人们重要的旅游目的地，其收益多取决于其名气。自然风景的名气来源于风景的质量与宣传（包括历史上的宣传与现代的宣传），也与自然风景的收益与地理位置有关。方便的交通有利于提高自然风景的收益。

自然风景在国家范围内的名气一定时，其游客多少主要取决于国家的人口数量与人均富裕程度；在局部区域的名气一定时，其游客多少主要取决于所在局部区域的人口数量与人均富裕程度。比如黄山名扬天下，其旅游收益主要与中国的人口数量有关，也与国民的富裕程度有关。可见，旅游业是存在明显人口规模效益的产业。

第三节 工业效率与人口规模关系密切

> 在相同的社会发展状态下，人口规模越大，市场规模就越大，企业平均规模离最佳规模的距离一般就越近，企业平均生产效率一般就越高。反之亦然。

工业效率主要与企业的生产规模以及生产技术水平有关。客观上，什么样的生产技术对应着什么样的最佳企业规模，科学技术的变化会改变所对应企业的生产最佳规模。

企业的规模一般很难达到最佳状态，能比较接近就不错了，有时规模会过大，有时则会过小，一般情况是规模过小。为什么企业规模难以达到最佳状态？其中的一个原因就是科学技术在经常变化着，所以科学技术所客观对应的企业最佳规模也必然在适当地变化着。另一个原因是，从企业的生产效率上看，有一个最佳规模，但是企业常常难以按照最佳效率规模建设，因为企业的建设需要考虑市场因素。市场因素一般会导致企业效率规模比最佳规模小。

市场规模由人口规模与人均消费能力决定，而人均消费能力由社会发展水平决定，不同的社会发展水平对应着不同的社会消费能力。对于各国来说，几乎都要经过相同的社会发展水平。比如中国现在的发展水平、人均收入水平，发达国家或地区在以前的某个时候也经历过。

企业规模往往低于可能存在的最佳效率规模，企业平均规模低于最佳效率规模的程度由市场规模决定。市场规模越大，企业平均规模低于最佳效率规模的程度一般就越小，企业的平均效率一般就越高。企业生产效率决定了企业人员的劳动贡献量与收获，也是决定社会或国家富裕程度的重要因素。

在相同的社会发展状态下，人口规模越大，市场规模就越大，企业平均规模离最佳规模的距离一般就越近，企业平均生产效率一般就越高。反之亦然。

对工业生产效率影响更大的因素是科学技术，科学技术的发展速度对工业效率的提升速度具有决定性影响。科学技术发展速度与人口规模有很大关系，与人口平均素质也关系密切。某个产业的技术前进速度与这个产业的总体规模及这个产业的人员素质成正向关系。设计最佳企业运行规模，也属于技术创新。

对于我们现在的这个世界，科学技术在前进，人口规模在增大，人们的平均富裕程度在提高，人口规模因素与人均富裕程度因素决定的市场规模也在增大。这些因素共同促使工业生产效率逐步提高。

延伸阅读：市场规模对国家经济发展的影响

市场规模越大，可以容纳的企业数量就越多，这些企业之间的竞争就越激烈，就越有利于企业的优胜劣汰，从而提高企业的整体素质，促进国家经济的发展。

市场规模越大越有利于企业实现规模化，使企业的平均规模比较大。企业的平均规模一般与市场规模成正向关系，各个行业的企业都存在一定的最佳规模，市场规模越大就可能使各个行业的企业的平均规模接近最佳规模，从而使这些企业发挥出最大的经济效益。

市场规模越大越有利于企业的退出或加入。一个新企业加入某个行业，会对这个行业产生影响。在新企业规模一定时，它对这个行业的影响程度与市场规模成反比。同理，一个企业退出某个行业，会对这个行业产生影响。在企业规模一定时，企业退出这个行业，对这个行业的影响程度，会与这个行业的市场规模成反比。

企业的退出或加入，对行业影响越大，越不利于其自由进退。大市场可以减弱企业的进退对行业的危害，这是大市场的一个好处。在人均收入一定时，市场规模与人口数量成正比。人口多，一般意味着市场规模大，这是国家人口众多的一个重要好处。

比如钢铁企业的规模效益门槛非常高，年产千万吨的钢铁厂才能具有规模效益，再少就会导致生产成本比较高，降低企业竞争力。而年产千万吨的钢铁厂需要巨大的钢铁需求市场，以发达国家人口的消费能力，也需要一两千万人口的市场门槛，发展中国家则需要五千万人口以上。这样，许多国家因为达不到这种盈利门槛，因此就很难发展钢铁工业。

中国拥有庞大的钢铁生产规模，年产几亿吨钢铁。一个千万吨级钢铁企业的产生，对中国国内钢铁市场影响微不足道，即中国钢铁市场能很好地接纳这样的新钢铁企业。或者一家类似规模的钢铁企业倒闭了，退出钢铁市场，也对中国国内钢铁市场影响不大。中国钢铁市场可以平稳地适应这样的变化，这就是拥有世界上最大规模钢铁市场的好处。

市场规模可以决定产业的分工程度，而分工程度对经济效率有重大影响。市场规模越大，产业的分工就越细，就越有利于经济效率的提高。

市场规模不但具有国内经济效应，还具有明显的国际效应。较大的市场规模，存在较大的外部效应。比如美国国内的庞大市场，对美国经济发展很有好处，对世界经济发展也有较大影响。2008年起源于美国的金融危机，引发了一连串国家的经济衰退，显示了美国市场对世界经济的巨大影响。

第四节　商业的效率与人口规模的关系

> 商场是存在规模效率的，规模较大的商场，意味着较高的运行效率。人口密度的大小对商场的可能运行效率有着重要影响，较大的人口密度一般伴随着较高的商场运行效率。

商业属于服务业的一种。这里的商业指的是狭义的商业，就是卖东西的产业。本节主要以商场为例，探讨人口与商业效率的关系。

一家商场的效率与商场的内部组织结构有关，良好的商场内部组织会实现较高的运行效率。或者说，在付出相同成本的情况下，良好的内部组织可以让商场产生更多的服务付出。

商场运行效率是相对总成本与服务量的对比。在商场运行成本一定时，效率取决于人们的商品购买量。人们的商品购买量越多，意味着商场赚的钱就越多，商场的运行效率就越高。如果商场的商品被顾客购买的量为零，那么，就可以认为这个商场没有效率。

商场的可能运行效率与所处的地理位置有关。一个相对比较好的地理位置，一般意味着相对比较高的运行效率。什么样的地理位置是相对比较好的呢？一般就是指顾客比较多的地方。哪里的顾客会比较多呢？一般是交通比较便利的地方，人口流动方便的地方，也就是人口容易汇集的地方。

商场的销量取决于商场服务区域内的人均购买力。在人均购买力一定时，销量与区域人口总量成正比。商场周围的可能购买力决定商场规模，商场规模决定商场的组织结构，商场的组织结构决定商场运行的可能效率。商场是存在规模效率的，规模较大的商场，意味着较高的运行效率。人口密度的大小对商场的可能运行效率有着重要影响，较大的人口密度一般伴随着较高的商场运行效率。

对于几乎所有的商场，其最大服务能力一般大于实际的供给服务能力。一般是服务人员在等待顾客，而不是顾客在等待服务人员，这是自由市场经济的普遍情况。服务人员平均等待顾客的时间，一般与商场服务的人口规模成正向关系。商场服务的人口规模主要与周围的人口密度以及商场的服务半径成正向关系。

一个区域人口的增加，一般会增加消费，有利于商场或商业效率的提高。反之亦然。在我国，西藏地区的商业运行效率没有江苏等省份的商业运行效率高，主要是人口密度差异所致。

第五节 人口规模与密度效益在交通上的体现

由于人口数量巨大，故中国购买或研制同样的技术，可以在更大规模高速铁路上运用，平均每千米付出的技术购买成本或研制成本，只相当于别国的百分之几，这也是人口的规模效益的重大利好体现。

在高速铁路上的体现

人口密度效益可以让国家少修建一些铁路，在保障交通运输通畅及时的前提下，节省资金。人口密度与人口规模效益催生日本产生了高速铁路。高速铁路的修建需要一定的财富和人口门槛，而世界上大部分国家达不到这个门槛。高速铁路运力较大，需要较大的人口密度来保证客源供给，也需要一定的财力来修建。美国虽然是高度富裕国家，客源供给相对比较多，但由于总体人口密度不大，故导致对高速铁路的需求较少。美国人口最稠密的东北部对高速铁路有一定需求，故这里拥有美国最早的高速铁路（但其高速铁路级别不高）。欧洲西部的人口密度比中国的平均人口密度还要大，故这里高速铁路也比较多。日本、韩国、我国台湾地区由于比较富裕，人口密度又特别大，所以都在大力发展高速铁路。

中国人口的平均密度处于世界中等水平，但是主要集中在东部地区，这导致中国东部人口比较稠密，拥有较为理想的高速铁路客源。中国东部正在进行世界上最大规模的高速铁路建设，未来中国东部地区会拥有世界上最长的高速铁路通车里程，大大方便民众的出行需求。这是人口规模效益的体现。

在引进或研制高速铁路技术方面，中国东部人口的规模效益非常明显。中国无论是购买外国的高速铁路技术，还是自己研制高速铁路技术，都可以进行世界上最大程度（规模）的推广运用。由于人口数量巨大，故中国购买或研制同样的技术，可以在更大规模高速铁路上运用，平均每千米付出的技术购买成本或研制成本，只相当于别国的百分之几，这也是人口的规模效益的重大利好体现。

如果制度适宜，中国在修建世界最长的(最大规模)高速铁路的过程中，可以拥有较长时间的技术积累、技术学习、技术创造时期，可以拥有较多的技术学习与创造机会，从而可以迅速提高中国高速铁路建设水平或技术，使中国在高速铁路建设方面具有较强的竞争力。

民用飞机产业对市场门槛的要求极高

大国有大的、统一的国内市场，所以在发展一些大规模的工业领域上，大国占有绝对优势。没有一定的国内市场做铺垫，大规模的工业很难形成。典范的如民用飞机制造业，基本为大国所垄断。小国家基本上不可能在民用飞机制造业上找到路子。

军用飞机，小国家很难更没有必要去造，因为对它们而言，造飞机没有买飞机便宜。小国家几乎不需要发展军事工业也是这个道理。

相对于小国，大国在军事上的优势显而易见，也是小国家可望而不可及的。在科技上，大国更占有巨大优势。现代小国家越来越难以成为科学技术的领头羊，因为现代科技需要巨大的资本投资与人才资源。巨大的资本投资，小国难以承受，而庞大的人才资源，小国则很难拥有。因此，小国越来越依赖大国，大国对小国的控制能力进一步增强，这是小国家发展的无可奈何的趋势。

中国是一个巨大的国家，有国内统一市场，有全球最多的人力资源，有庞大的军事体系，可以发展所有国家能发展的科技。在未来的竞争中，中国占有很大优势，只要中国能进一步深化体制改革，必能把各种优势充分利用起来，成就一个强大的国家。

民用飞机制造业中，最具有潜力的发展中国家是中国与印度，而中国的潜力又要比印度大得多。未来世界上最有可能形成三家民用飞机制造公司平分秋分的格局，包括美国的波音公司、欧洲的空中客车公司，还有一家是中国的公司。这三家飞机制造公司将全面瓜分世界民用飞机市场。当然，俄罗斯、日本、印度、巴西的飞机制造公司都是中国飞机制造公司的强劲竞争者。

无论如何，中国必将大力发展民用飞机制造业。中国是未来的超级大国，必然将有发达的军用飞机制造业，而先进的飞机制造技术，加上中国拥有的巨大国内市场，必将促使中国走向民用飞机制造大国地位。中国的民用飞机制造厂家必须走向联合，合并成为一家或两家飞机制造公司，而且最好脱国企化，如此才能实现中国成为飞机制造强国的愿望。

延伸阅读：日本与澳大利亚的比较

具有人口规模与人口密度这两个优势的国家，最典范的是日本。人口特别稀少，总量又不大的国家，可以以澳大利亚为例。

日本与澳大利亚都是世界一流的富裕国家。这两个国家的经历不同，发展模式也不同，前者是传统国家，后者是殖民地国家。日本在发展中需要进口大量自然资源，无论是人均还是总量上看，进口自然资源量在世界上都算多的。澳大利亚则与之相反，无论从人均还是从总量看，出口的自然资源量都居世界前列。两国富裕程度没有多大差别。

日本与澳大利亚的国民经济天赋均较高，社会制度相差也不大，所以在对二者进行比较时可不考虑这些因素的影响。

我们常常过于重视人均自然资源的优势，而看不到人口多、人口密度大也是一个优势，而且是不小的优势，有时完全可以与人均自然资源多的优势相媲美。

日本人口密度是澳大利亚的100多倍，人均自然资源相对拥有量较澳大利亚少得多。日本三分之二的地方是山地与森林，这些地区人口非常少。日本人实际居住的地方，人口密度高达

1000人每平方千米。尤其是太平洋沿岸及濑户内海周围，局部地区人口密度更大，由此带来的人口密度效益与规模效益当然更大。

澳大利亚总人口较少，人口分布比较集中，70%在东南部，86%在城市。澳大利亚人口集聚的程度与日本相比要逊色一些，相对日本，这是个劣势。但澳大利亚的人均自然资源拥有量是日本的100多倍，其在发展过程中就充分利用了这个优势。

日本有铁路30000多千米，人均0.2米长。澳大利亚有铁路40000多千米，人均2米长。二者的铁路运力效果差不多。但由于人口密集带来的规模效益，日本相对澳大利亚人均节省了1.8米长度的铁路修建费用。1.8米铁路值多少钱呢？按照2013年的市场建设价格，在我国大概需要9万元人民币。所以日本由于人口密集，仅在铁路建设这一项上，日本人均相对澳大利亚就可以节省9万元人民币。

两国人哪国坐火车更方便呢？每平方千米国土，澳大利亚有铁路5.5千米，而日本有铁路56千米，铁路密度日本是澳大利亚的10倍。所以相对来说，日本人出行坐火车更方便，这也是人口规模及人口密度效益的优势体现。这种优势是日本在人均自然资源缺乏的情况下，经济迅速发展的原因之一。

如果两国劳动力价格相同，则100千米路程的同等火车票，在日本要比澳大利亚便宜一些，因为日本具有铁路运输的规模效益，运输成本低。

澳大利亚自然资源丰富，人口稀少，因此人均自然资源占有量大。可由于交通费用较高，因此所获得的自然资源租金收入，部分消耗到由于人口相对稀少而导致的人均交通费用增加上。

由此可见，那些由于人口稀少而导致人均资源丰富的国家，总体发展优势并不一定比那些人口稠密而导致人均自然资源较少的国家大。有些国家宣称是因为人口多，或者人口稠密而发展缓慢，这是站不住脚的。人口稠密、人均自然资源少，但发展较为成功的国家有不少，另一个典型的例子是韩国。韩国比日本人口还稠密，人均资源更少，人均军事负担也很大，但依然获得了快速发展。这是对那些将人口视为负担的人的又一个反证。

第六节　移动通信、电力及服务业的效率与人口密度的关系

> 一个国家在移动通信上的人均投资总额在这个国家发展程度一定时，一般与这个国家的人口密度成反向关系。较大的人口密度，一般伴随着较少的人均投资，及较低的移动通信价格。

移动通信相对于固定通信，耗费的通信光缆或电缆要少得多，移动通信的投资主要集中在移动通信塔上。移动通信塔需要覆盖全国各地，而因为单个建设成本是固定的，故建设总成本基本与国家的面积成正比。

移动通信塔之间需要连接光缆，光缆的总长度与移动通信塔的数量成正向关系。

其他的工作设备需求数量，一般也由移动通信塔的数量决定，并成正向关系。

移动通信企业还需要建立销售机构与管理机构，以及对相应的硬件进行投资。这些机构的数量与规模，一般取决于移动通信的市场规模，并成正向关系。市场规模的倍增，意味着这些机构的数量或规模也要增加，但不是倍增，其增加的比例要小一些，这体现了一定的市场规模效益。

移动通信的收入与市场规模成正向关系，在单位通信价格一定时，与通信量成正比。在人们的收入一定时，通信价格决定人们的平均通信量。在其他条件一定时，整个社会对通信的总需求量与人口数量成正比。一个国家通信的收入，在其他条件一定时与人口规模成正向关系。

一个国家在移动通信上的人均投资总额在这个国家发展程度一定时，一般与这个国家的人口密度成反向关系。较大的人口密度，一般伴随着较少的人均投资，及较低的移动通信价格。

移动通信工作者的工作效率在移动通信技术一定时，一般随着人口密度的增大而提高。所以从发展移动通信的角度上看，较大的人口密度是有好处的。

电力及服务业与人口密度的关系，与上面分析类似，在此不再赘述。

延伸阅读：收入与消费是可以不一致的

同样的国家，相同的人均收入，消费水平并不一定相同。以中国为例。假如西藏每年人均收入与另一个省份的人均收入相同，那么两地的人均消费水平是否一样呢？其实差异很大。虽然两地人均收入一样，每年人均花费也一样，但是所购买到的东西并不一样，因为两地的物价水平不同。一般来说，西藏商品比内地其他省份贵一些，只有本地生产的商品比内地省份便宜。总体上看，等量货币在西藏地区所能购买的实物或商品要比内地省份少一些，即人均收入相同时，西藏人均所享受的物质供应水平也要比内地人低。

为什么会如此？

主要原因是西藏人口密度太小，导致西藏工业密度也很小，工业用品平均运输距离要比内地省份远许多。在内地省份中，想喝一瓶啤酒，也许附近几公里范围内就能买到。而在西藏，这种可能性就几乎没有了，这瓶啤酒很可能来自上千公里外。其他产品也类似。由于西藏商品的平均运输距离要比内地远许多，因此导致人们在西藏购买商品的平均价格要比内地高许多，这是西藏消费水平低的重要原因之一。

由于人口稀少，各类商店、饭店等赢利单位所平均服务的人群相对内地要少，很难达到较优配置。西藏的劳动力价格与内地类似，但由于缺乏规模效益和密度效益，因此盈利就少。为了提升盈利，这些单位必然会以相对内地较高的价格出售商品，以期获得与内地一样多的收入。这样一来，又提高了西藏的生活成本。

由于人口稀少，为了获得同等的便捷出行程度，西藏人均需要的道路就要更长，人均道路开支就要更大，这是当地人很难承受的。因此，西藏人口稀少地区，道路质量标准通常比内地差一些。道路质量差，车辆运行就会更困难，导致运行成本提高，又提高了商品价格。

所以说，人口稠密还是很有好处的，大陆内地的经济发展，得益于人口稠密现状。如果大陆内地也像西藏那样人口稀少，经济发展程度就没有现在高了。

从经济发展角度看，人口稀少的西藏不适合修建铁路。现在西藏有了铁路了，主要不是从经济角度考虑的，而是出于其他原因。有了铁路，再加上中央的大量援助，西藏经济才能以较快速度发展着。

第七节 人口密度效益在卫生系统上的部分体现

医院的经济效益与社会效益随着其服务人口的增多而增大，医院服务的人口数量通常由附近的人口密度决定。周围的人口密度越大，医院服务的人口数量一般就越多，经济效益与社会效益就越大。

人口密度与医疗急救体系有很大关系。在其他条件相同时，医院分布密度一般由人口密度与国家政策共同决定。在国家政策一定时，医院分布密度与人口密度呈现一定的正向关系，一般来说，较大的人口密度会伴随着较大的医院分布密度。

社会医疗急救的平均效果取决于医院的平均急救水平，也与需要急救的人员所处的地点、平均距离医院的路程有一定的关系。医院平均急救水平一定时，需要急救的人员所处的地点离医院的平均路程越远，平均急救效果就越差。比如，农村的急救医疗效果没有城市好，除了因为农村平均医疗水平比城市差外，与农村人口密度小，需要急救医疗的人员平均距离医院的路程比较远、耽误急救医疗时间也有很大关系。

农村与农村地区相比，由于人口密度差异，医疗急救效果也存在着一定差异。比如西藏的农村地区与中原的农村地区，医疗急救效果就存在着较大差别。西藏农村地区人口非常稀少，医院分布密度很小，急救医疗效果就差一些。

医院的经济效益与人口密度有一定关系。医院也存在规模效益，较大的医院规模有利于提高医院的运行效率，也有利于促进医院内部的分工以及科室内部的分工，提高综合医疗水平。医院的规模效益，既包括经济效益，也包括医疗水平效益。

医院是现代社会的必需品，其分布状况既要考虑经济效益，也要考虑社会效益，故医院在许多人口稀少的地方也有分布。这些医院的经济效益通常很差，主要是为了其社会效益而建立。

医院的经济效益与社会效益随着其服务人口的增多而增大，医院服务的人口数量通常由附近的人口密度决定。周围的人口密度越大，医院服务的人口数量一般就越多，经济效益与社会效益就越大。

单位土地面积上医院的分布数量与人口密度成正向关系。假如人口密度增大一倍，单位面积医院数量也会增加一些，一般小于一倍；医院的规模一般会扩大一些，医院的经济效益与社会效益也会增大一些。

人口密度大的地方，医院数量一般也较多，这可以促进医院之间的竞争，促进医院服务质量的提高，这也是人口密度效益的一种体现。

第八节 人口规模效益在军事、科技上的表现

人口数量对军事的影响，主要体现在两方面：一是能较大程度地降低人均军事负担，降低军事开支占国民生产总值的比例。二是在降低人均军事负担的同时，能建设较强大的常备军队，并开展潜力巨大的扩张行动。

在军事上的显示

国家的军事力量与国家的人口数量关系很大。一般来说，人口数量越多，国家的军事力量就越大。较大的军事力量能获得很多收益，如国民安全感的收益、国民自豪感的收益、国家军事威慑的收益以及实际战争上的收益等。

一个国家如果人口数量较多，则常备军队一般也会较多，为的是应付突发情况；而且较多的人口数量，可以为国家提供较多的潜在兵员，遇到战争时可获得较充裕的军事力量，故抗衡外来侵略的能力比较强。这有利于国家的长远存在，可降低灭亡的几率。强大的军事力量在非常时期，可以为国家带来巨大收益。

“二战”时期的强国都是当时的人口大国。美国当时有1.5亿人口，苏联有2亿人口。日本和德国的人口却只有0.8亿。中国当时是世界第一人口大国，有近5亿人口。英国本土及海外领地英国后裔人口数量也在7000万左右，还不包括更多的殖民地人口。这些国家都是当时人口数量最多的一批国家（当时的印度等地区不属于国家，是殖民地）。可见，人口数量对一个国家的军事力量或潜力影响很大，没有较大的人口数量，就很难有巨大的军事力量。

人口数量对军事的影响，主要体现在两方面：一是能较大程度地降低人均军事负担，降低军事开支占国民生产总值的比例。二是在降低人均军事负担的同时，能建设较强大的常备军队，并开展潜力巨大的扩张行动。

发展中人口大国印度拥有航空母舰，虽然其人均GDP较低，但由于人口基数大，故整个国家供养几艘航空母舰舰队还是能承受的。而其他人口数量较少的发展中国家，一般没有能力供养耗费巨大的航空母舰舰队。

在科学技术上的显示

人口规模大小对科学技术的发展有重要影响，主要表现在三个方面。

第一，许多科学技术的出现是由于人口规模的市场需求所致。比如火车的出现与普及，就需要较大的人口规模。因为火车是一种为众多人口服务的工具，在拥有众多人口时，火车才能显示出规模效益。轮船、移动通信、电视等技术与产业，都需要一定的人口市场门槛，道理相同。没有足够的人口数量，这些产业不可能得到发展，技术也不可能得到优化。现代社会的工业是规模化的工业，是众多人口为众多人口服务的工业，人口不足，就会影响发展动力及空间。比如一个钢铁厂，可能需要上万工人，而其服务的对象可能达到上千万甚至几千万人口。众多的人口为许多产业及技术的发展带来了可能，带来了广阔的发展空间。

第二，在其他前提条件相同时，科学技术的发展速度与人口数量基本成正比。人口数量越多，意味着人才越来越多。知识大爆炸，其实是人口数量的增长导致人才数量增长，从而导致科学技术更迅速地发展。在其他条件相同时，世界人才数量一般与人口数量成正比，而世界科学技术的前进速度又与人才数量成正比。

第三，在其他前提条件相同时，科学技术的价值与人口数量基本成正比。科学成果和创造发明的单位时间内的价值大小，基本与世界人口数量成正比。知识是一种奇特而重要的资源，是一种不会因为人口数量增加而使人均拥有量减少的资源。所以在其他条件一定时，知识的总价值与人口总量成正比。越是人口大国，越应努力普及知识。

延伸阅读：药物研究的人口规模效益

药物研究也属于科学技术的范畴，与其他科学技术或创造发明一样具有明显的人口规模效益。

人口规模效益在药物研究上主要有三大体现。

首先，药物研究的价值与人类人口数量基本成正比。某种药物的价值大小或贡献大小与人类人口数量基本成正比，因为药物受益的人群规模从概率上看，与世界人口数量成正比。

其次，药物的研究动力取决于人类人口数量，尤其取决于发达国家的人口数量（发达国家人口购买药物的能力强）。世界上人口数量越多，药物的使用者就越多，研究这些药物的行为就可能越赚钱，研究这些药物的社会动力就越大。人口数量越多，意味着药物研究成功会越赚钱，药物研究会越合算，人们在药物研究上愿意支出的开支就越大，会使新型药物被更快速地研究出来，或单位时间内研究出更多的新药物，从而提高人类的生活质量与人均寿命。

最后，研究药物人才群体的平均水平取决于人类人口数量，主要取决于发达国家的人口数量。因为发达国家的教育体系比较发达，更有可能把潜在的天赋较高的人培养成各类人才。研究药物的人才，与人口数量成正向关系。在其他前提条件一定时，人口数量越多，产生的人才数量就可能越多，最高端人才群体的平均质量就越高，从而可以事半功倍地研究出更多、更有用的药物。

第九节　人口规模效益在其他方面的体现

在各个文化体系内部，古董的价格取决于本文化体系的人口数量、人均富裕程度、人均对这个古董的偏好或爱好程度。在现代世界，由于古董贸易全球化，导致古董价格上涨许多。

人口规模效益在古董或其他稀缺品价格上的体现

对于同一个古董，其价格主要由社会状况决定，与人口数量和人均收入成正向关系，还与社会贫富差异程度有一定关联。

在社会状态一定时，不同的古董有不同的价格。古董价格主要取决于基稀缺程度，一般来说，越稀缺越值钱。在稀缺程度一定、公众平均收入一定、富裕程度差别一定时，公众对古董的爱好或偏好程度，决定了古董的最终市场价格。

公众对古董的爱好或偏好程度主要受文化因素、历史传统以及所受教育情况的影响，还受到各种宣传及外国市场的影响。公众的爱好或偏好会随时间而变化。

各国公众一般对自己国家或类似文化的古董感兴趣，比如华人会对中国古董比较感兴趣，而印度人则会对印度古董比较感兴趣。在古董本身的稀缺程度一定时，其价格一般与古董所属文化领域的人口数量、人口的富裕程度成正向关系，也与古董所属文化领域人口对古董的爱好或偏好程度成正向关系。

古董的价格还与其他国家或其他文化体系的人群规模、富裕程度、对古董的偏好或爱好程度及古董的稀缺程度有一定关系。

如果某个古董所属的文化体系的人口数量比较少，平均富裕程度比较低，则在古董稀缺程度一定、这个文化体系的人口对这个古董的偏好或爱好程度一定时，这个古董的价格在这个文化体系内，一般就没有那么高了。此时其他文化体系的人口，也许会愿意出相对更高的市场价格购买这个古董。在这种情况下，古董的价格取决于其他文化体系的人口规模与人均富裕程度，以及其他文化体系的人口对这个古董的偏好或爱好程度。

对于同一个古董，各个文化体系的人群对其爱好或偏好程度不一样，所可能出的购买价格也不一样。同一个古董不论在任何文化体系中，都存在一个各自对应的市场价格，其最后价格就是这个古董在世界上的市场价格。

在各个文化体系内部，古董的价格取决于本文化体系的人口数量、人均富裕程度、人均对这个古董的偏好或爱好程度。在现代世界，由于古董贸易全球化，导致古董价格上涨许多。古董价格越来越受到古董所属文化体系以外的文化体系或市场的影响。

为什么古董的价格与人口数量有关呢？因为古董的稀缺性与人口数量有关。所谓的稀缺，其实是相对人均来说的。人均拥有量越少，东西就会显得越稀缺，就越有价值，市场价格就越高。

为什么古董的价格与人均收入有关呢？因为人均收入越高，人们对自己的偏好或爱好所愿意付出的价格就越高，即平均支付能力就越强。

为什么古董的价格与社会贫富差别程度有关呢？因为社会贫富差别程度越大，高收入群体的平均收入就越多。而古董的价格取决于高收入群体，所以高收入人群的平均收入越高，古董的价格就越高。

为什么古董的价格与人们的偏好或爱好程度成正向关系呢？因为购买某个古董的人群，其实就是爱好或偏好这个古董的人群。如果爱好或偏好这个古董的人群规模越大，其中愿意出高价格的人口数量就可能越多，古董的市场价格就可能越高。

人口规模对废物循环利用的影响

较多的世界人口数量，会促使自然资源价格的上涨，同时迫使资源使用者珍惜资源、节约资源，减少浪费。而且，较高的自然资源价格，可以提高自然资源的循环利用率，提高废物的回收利用率，有利于环境保护。比如较高的水资源价格，会促进水的循环使用，从而节约用水，减少水污染现象。

较高的金属、石油价格会促进废旧金属、各种石油制品的回收、利用，从而使这些废旧物品的回收率大幅度提高，减少各种环境污染现象。

比如某种废品的回收率原来是60%，如果废品原材料价格提高一倍，则废品的收购价格也会提高许多。从而使这类废品的回收率提高许多，假设能提高到90%，则这类废品对环境的危害就可以减少75%——如果这类商品的社会使用量不变的话。

人口数量的增长，有时并不意味着环境污染的急剧恶化。举个例子，假设人口数量增长一倍，导致废品原材料价格提高一倍。由于原材料价格上涨一倍，而原材料使用量不会增加一倍，假如增加50%，废品的回收率从60%提高到90%，则可计算出这类废品排入自然环境的总量不会随着人口增加而等比例增加，只增加了一小部分。

从石油资源上看，如果人口数量倍增，石油价格会增加许多，人均使用汽油量会减少，社会产生的总污染物质并不会增加多少，也许只会略微增加一些。

第十节　人口规模或密度因素对世界发展的影响

> 在其他所有条件一定时（包括人口素质一定）时，世界科技发展速度与人口数量成明显的正向关系（接近正比关系），这导致世界经济发展速度与人口数量成明显的正向关系。

对于整个人类来说，人口规模与人口密度是等效概念。因为陆地面积或地球面积是一定的，什么样的人口规模对应着什么样的人口密度，什么样的人口密度对应着什么样的人口规模。

人口规模或人口密度因素决定着科学技术的发展速度，而科学技术的发展速度决定经济发展速度。人口规模或人口密度因素还决定着市场的分工程度，市场的分工程度又可对经济效率产生重大影响。

人口规模或人口密度因素对经济发展的影响具有较强的外溢性（外部效益），这是我们往往不重视或看不到人口密度或人口规模效益的主要原因。其实，人口规模或人口密度因素与人口天赋因素、社会制度因素是影响人类经济发展的三大因素。它们相互影响、相互促进作用，通过不同模式，深刻地影响着人类的经济发展速度。

人口规模效益一般具有一定的外溢性，尤以科技方面最显著。科学理论具有全面的公益性，科学理论付出者（付出者可以代表个人，也可以代表团体或国家）的收益与不付出者的收益是一样的。技术虽然可以通过专利措施加以利益保护，使付出者可以拥有较多收益，但是不付出者也可以通过各种模式获得一定收益，尽管这些收益没有付出者大。

人口规模的市场效益具有一定的外溢性，而国际贸易促进了这种外溢程度。国际贸易门槛越低，人口规模的市场效益的外溢程度就越大。门槛为零的国际贸易局势，意味着人口规模效益全面外溢，也就是说，外国也享受同样程度的人口规模的市场效益。当然现在国际贸易门槛还不是零，这意味着国家内部的人口规模的市场效益并没有完全外溢。

人口规模的军事效益也具有一定的外溢性。例如，美国作为人口数量最多的发达国家，依靠自己的人口规模维持着世界上最强大的军事力量。而加拿大、墨西哥这样的邻国则可以“有恃无恐”，不但不因为与强大的美国相邻而加大自己的军事力量，反而故意保持较低水平的常备军事力量，从而节约了大量军事开支。还有一些与美国关系密切的小国，干脆不搞军事投入，这也主要是美国军事力量的外溢性收益所致。

正是由于人口规模效益的外溢性的存在，导致人口规模因素没有促使各国产生明显的富裕程度差异，即各国富裕程度与人口密度因素关系不大。但是人口规模效益对人类社会的整体影响是很大的，可以明显影响人类社会的发展速度。

在其他所有条件一定时（包括人口素质一定）时，世界科技发展速度与人口数量成明显的正向关系（接近正比关系），这导致世界经济发展速度与人口数量成明显的正向关系。近百年来人口数量的大幅度增长，是20世纪到21世纪科技大爆炸的根源。

延伸阅读：微软公司的经济效益与什么有关

微软公司是一家创新型企业、高科技企业，靠知识赚钱。那么，微软的经济效益与什么有关呢？

微软在某些方面处于垄断地位，其许多成果让全人类都受益。微软能赚多少钱，取决于其产品的市场规模，而其产品的市场规模取决于世界人口数量以及人类社会平均发展程度，也与微软占据同类产品的市场份额成正比。在前提条件一定时，微软公司的经济效益或赚钱能力基本与世界人口数量成正比。人类社会平均发展程度越高，微软就越赚钱。

假如世界各国人口数量等比例减少一半，人均收入维持不变（社会发展程度不变），微软占据同类产品的市场比例份额也不变，则其每年赚的钱，就很有可能只是现在的一半，企业市值也可能只是现在的一半，但微软的创新成本并不会比现在少。因为要想保持相同的技术前进速度，微软必须保持相同的科研规模，比如科研队伍规模、科研投资规模等。

科学技术的前进速度取决于科研规模，科学技术的价值取决于世界人口数量。在前提条件相同时，技术的社会价值大小与人口规模成正向关系。

世界的前进动力几乎都来自发达国家，世界科技的前进速度也基本与发达国家人口数量成正比，新科学技术的使用规模也主要由发达国家的人口数量决定。微软企业的效益主要来自发达国家，即发达国家的人口数量基本决定微软企业的赚钱规模。微软的例子就是人口规模效益在科技产业上的一个显示。

科学技术也是重要的资源，而且这个资源不会因为人口数量的增长而导致人均拥有价值量的相对减少。

第十一节　再论人口密度增大的好处与坏处

人口密度提高有利于在交通、通信等领域节约人均投资。人口总量大了，有利于增大国内市场，有利于企业的发展。在保证相同国家安全程度的情况下，人口总量大了还有利于减少人均军事开支。

自然资源提供的原材料价值占美国GDP的比例不到2%，而且这些原材料价格中，大部分是劳动与非资源型资本的成本，真正的资源租金占GDP的比例就更小了，不到美国GDP的1%。

资源租金就是拥有的自然资源所体现出的价值，一般是国家是否拥有自然资源价值的全部体现。比如，煤炭的价格中，大部分是劳动力成本，只有很少一部分是资源租金。因为煤炭需要开采，需要各种投入，这些都体现在了煤炭的价格中。你如果拥有煤田，不需要劳动只把煤田出租给别人开发，则你收取的租金才是资源租金。

一个国家人口密度大了，人均自然资源就会少一些，人均可以获得的资源租金也会少相应一些。对于现在的美国，资源租金可以说微不足道，有没有资源租金对美国人民的生活质量影响很小。按照资源租金占美国GDP1%计算，如果没有了资源租金，则美国的人均购买力仅会减少1%，几乎可以忽略不计。有没有资源租金，对美国的经济发展也微不足道。比如美国的经济发展速度为2%，资源租金只会影响这2%中的1%，等于0.02%的影响，所以说对经济发展速度的影响可以忽略不计。

国家人口密度大了，有两个经济效应，人口密度的经济效应与人口密度增大导致的人口总量增大产生的人口规模效应。人口密度提高有利于在交通、通信等领域节约人均投资。人口总量大了，有利于增大国内市场，有利于企业的发展。在保证相同国家安全程度的情况下，人口总量大了还有利于减少人均军事开支。如各国军费开支一般占GDP的2%到10%，中国由于人口众多，军事开支占GDP的比例仅在2%左右。而以色列、新加坡等国，人口总量少，而国家的安全需求又非常大，因此军事开支占GDP的比例高达到10%左右。这个比例比大部分国家的资源开采产值占GDP的比例高，更明显超过大部分国家的资源租金占GDP的比例。

可见人口密度大了，既有缺点又有优点，不同的国家优缺点大小不同。按照现在世界自然资源的价格所带来的资源租金，世界大部分国家人口密度增大导致的优点都大于缺点。比如美国、日本、韩国、绝大部分欧洲国家以及大部分发展中国家都是如此。

而对于那些石油出口国家，人口密度增大导致的缺点则大于优点。所以按照某些人的富裕理论，这些国家才是世界上需要遏制自己人口增长的国家，但是它们没有一个这样做。

延伸阅读：20世纪60年代日本与现在俄罗斯的对比

20世纪60年代的日本与现在的俄罗斯在人均收入及发展水平上均比较相似，社会制度也相仿，但是现在俄罗斯的经济发展速度却无法与60年代的日本相比。虽然俄罗斯拥有很多优势，如丰富的自然资源，但与60年代的日本经济腾飞相比照，却要逊色不少。

俄罗斯现在的社会平均生产力水平与世界最高科学技术的差距，要比60年代日本的社会平均生产力水平与当时世界最高科学技术的差距要大一些。因此，在这一点上，俄罗斯的经济发展要略占便宜。因为生产力水平与科学技术的差距越大，可能利用的技术范围越广，自由度越大，越有利于经济的发展。

从教育的普及程度上看，现在的俄罗斯应该比上个世纪60年代的日本教育状况更先进，所以在教育状况上俄罗斯也略占优势。

那么，为什么本来占尽优势的俄罗斯现在的经济发展速度却没有60年代的日本快呢？

主要可以从人口密度上寻找原因。20世纪60年代日本的人口密度比现在的俄罗斯大得多，这是20世纪60年代的日本与现在的俄罗斯的重要不同之处，也是导致俄罗斯现在经济发展速度与20世纪60年代日本经济发展速度差异的重要因素。

日本人口分布高度集中，基本沿着沿海成线状分布。这极其有利于降低人均交通开支，并可促进高利润交通产业的发展。另外，这种分布使日本可将有限的资源集中利用，弥补了日本自然资源的不足，甚至让人很难感觉到日本自然资源不足所带来的坏处。

而俄罗斯的人口分布相对要分散多了，这对经济发展来说是一个重要缺点，这个缺点甚至大大抵消了俄罗斯丰富自然资源带来的优点。而且，俄罗斯与日本民族性格与文化不同导致国民平均勤劳程度以及平均节俭程度不同，平均而言，日本人的勤劳程度以及节俭程度比俄罗斯人高，这也是导致20世纪60年代日本经济发展速度比现在俄罗斯快的重要原因。

另外现在俄罗斯人口结构已经越来越趋向老龄化，劳动力数量在逐渐萎缩，这对俄罗斯的经济发展很不利。而60年代的日本人口结构年轻化，人口数量与劳动力数量都在较快增长，这是60年代的日本相对现在俄罗斯的重大优势，也是导致二者经济发展速度差异的重要原因。

第十二节 人口结构对经济发展的影响

> 男性过剩的结构会极大危害社会的稳定程度。而不稳定的社会，不利于经济发展。男女比例失衡，主要是通过影响社会的稳定程度而影响国家的经济发展速度。

人口结构包括男女比例结构，也包括各个年龄阶段的人口比例构成，还包括民族构成比例。

男女比例结构问题对经济发展的直接影响较小，但对社会影响很大，主要影响社会稳定程度。男女比例结构失衡，一般是指男性过剩的结构。男性过剩的结构会极大危害社会的稳定程度。而不稳定的社会，不利于经济发展。男女比例失衡，主要是通过影响社会的稳定程度而影响国家的经济发展速度。古代社会的混乱，男女比例严重失衡是一个重要原因，严重时甚至会导致社会经济全面倒退。一些国家的计划生育政策制造了严重的男女比例失衡问题，这是未来重要的不稳定因素，有可能对社会经济产生重大负面影响。

各个年龄阶段的人口比例构成，对经济发展也有重要影响。如果各个年龄阶段的人口比例构成不均衡，会导致国家人口总量出现大起大落。如果老年人口比例过大，就会产生我们常说的老龄化问题。老龄化对国家经济发展很不利，现在的日本就深受其害。

老年人口比例过大还伴随着人口总量的萎缩，这对经济发展也很不利。有些国家由于计划生育政策，未来人口老龄化程度和萎缩速度会很快，人口萎缩速度甚至可能达到1%的负增长速度，这对经济发展的危害是致命的。

一些国家的计划生育政策主要针对主体民族人口，导致主体民族人口比例占全国人口比例迅速下降。这不利于经济发展，也不利于社会的和谐运行。更主要的危害是，主体民族人口比例下降会导致未来各种矛盾增多，影响社会稳定，甚至极大危害政权的存在，有可能使国家陷入血腥之中，后果很可怕。而社会的混乱对经济发展的危害将难以估量。民族人口构成比例的变化，主要是通过影响社会的稳定程度而影响社会的经济发展速度。

一些国家的计划生育政策已经制造了四个潜在问题，人口老龄化问题、人口萎缩问题、男女比例失衡问题、主体民族人口比例迅速下降问题。这四个问题也许会在未来同时爆发，其危害难以估量，可能对未来社会与未来经济发展影响深远。

第五章

其他因素对经济发展的影响

第一节 地理位置对经济发展的影响

> 一个国家所处位置如果远离世界人口重心或经济重心，则会在对外贸易及交流上处于不利地位。较大的外贸距离也是一种成本，这个成本主要由偏僻国家所承受。

在一个国家内部，地理位置对一个地区的经济发展很重要。对于一个国家，地理位置对经济发展也有重要影响。

在其他条件一定时，地理位置因素对国家经济发展的影响程度，一般与国家面积的大小有关。国家的面积越大，地理位置在影响经济发展的因素中就越次要。因为国家面积越大，内部出现地理位置比较好的地方的几率就越高，人口自然会在这些地方集中，照样能利用优越地理位置实现快速发展。比如，一般的大国都临海，都可以利用临海优势发展经济。

临海的国家相对来说具有海洋交通优势，因为国家之间最主要的交通道路是海洋，所以是否拥有便捷的海洋交通，对国家经济发展有一定的影响。拥有便利的海洋交通，可以实现便利的国际贸易，更容易获得其他地方的自然资源，方便出口自己的优势资源或产品，也可以方便地吸收外来投资，充分发挥出本国的优势。

国家所在的区域也会影响国家的命运。政治上的影响实在太大，而通过影响政治状况从而影响经济状况，则具有必然的逻辑。比如，东欧经济状况与西欧经济状况的差别，就是区位因素的不同导致接受的军事、政治影响不同，最终导致经济发展水平较大差异的结果。这个区位因素也可以称为邻居因素。

区位因素还会通过经济因素而影响国家的经济表现。周围国家或地区富裕了，有利于自己国家富裕，这是符合经济学原理的。因为富裕国家转移资本时，首选就近转移，所以拥有富裕的邻居有利于得到资本投资。还有一个重要好处，就是可以吸收富裕国家的各种消费，比如旅游购物。如果富裕国家的规模比较大，甚至还可以因此而让邻国共同富裕。美国的海上邻居巴哈马现在已经属于发达国家了，人均GDP约是美国的一半。巴哈马之所有能成为拉丁美洲最发达的国家，重要原因是拥有美国这样的邻居。巴哈马主要靠旅游业而富裕，游客主要来自美国，美国的富裕程度大大影响响了巴哈马的富裕程度。

一个国家所处位置如果远离世界人口重心或经济重心，则会在对外贸易及交流上处于不利地位。较大的外贸距离也是一种成本，这个成本主要由偏僻国家所承受。比如新西兰，如果处于北大西洋而不是南太平洋，应该会更富裕一些。再如，东亚是铁矿石贸易的最主要消费市场，巴西距离东亚平均距离是澳大利亚距东亚平均距离的3倍，是印度距东亚距离的2倍，这导致巴西铁矿石离岸价格平均比澳大利亚每吨低几美元，甚至10美元。巴西每年出口铁矿石2亿多吨，这意味着巴西每年因此损失10亿美元，这完全是由于巴西位置因素而带来的损失。

延伸阅读：世界最富裕的黑人国家巴哈马

巴哈马面积1.39万平方千米，总人口34万（2012年），人口密度约24人每平方千米，2013年人均国内生产总值23485美元。黑色人种占85%（包括大量黑白混血人），白色人种占12%（主要是英国后裔），其余3%为亚裔或西班牙裔人。全国三分之二的人口集中在首都拿骚，产生了人口密度效益，有利于经济发展。巴哈马曾是英国殖民地，官方语言为英语，是拉丁美洲最富裕的国家，已进入发达国家行列。

人口构成比例上，巴哈马与南非有些近似。但是实质上，还是存在重大差异，这些差异对巴哈马的富裕很重要。巴哈马黑白混血人口比例较大，黑人群体中混入了大量白人血统，这是与南非的重要不同。巴哈马与南非的发展历程也存在重大差异。南非曾经有种族歧视政策，这导致南非种族不合，遏制了经济发展。而巴哈马种族关系比较融洽（与巴哈马黑白混血人口比例较大有关），这促进了巴哈马的整体富裕。

巴哈马重要的资源优势是空间资源优势。巴哈马与美国的佛罗里达隔海相望，依靠本身的热带风光与热带气候，休闲旅游业发展迅速，这是占巴哈马一半GDP的产业。巴哈马休闲旅游服务质量很高，且高度重视保护外国游客安全。这对巴哈马的旅游业持续繁荣起了重大作用。

巴哈马的第二大产业是金融业。这里的金融企业主要是外国金融企业的分支机构，服务对象也主要在巴哈马以外的地区。

历史继承优势对巴哈的马高度富裕也很重要。巴哈马继承了英国的民主体系，现在已经比较成熟。这对巴哈马社会高效率地运行很有帮助，是巴哈马高度富裕的制度基础。

如果把巴哈马算作是黑色人种国家，那么，它就是世界上最富裕的黑色人种国家，这是巴哈马值得自豪的地方。

第二节　自然资源因素对富裕程度的影响

> 自然资源价格的变化，会导致人类整体汇率GDP跟着变化。通常自然资源价格上涨，会导致人类整体汇率GDP跟着提高，反之亦然。

自然资源客观分布或分配的不均衡，影响了各国的富裕程度。自然资源对某些国家具有增富效应（使富裕程度提高），而对另一些国家具有降富效应（使富裕程度降低）。总体上看，自然资源对人类整体富裕程度的影响较小。自然资源分布的不均衡，主要影响是可以促使财富通过自由市场规则进行合法转移。人均拥有资源多的人群或国家，可以通过自由市场规则换取资源少的人群或国家生产的各种财富。

自然资源的相对稀缺程度决定其市场价格，越稀缺单价就越高。自然资源价格的变化，会导致人类整体汇率GDP跟着变化。通常自然资源价格上涨，会导致人类整体汇率GDP跟着提高，反之亦然。但是，自然资源价格的变化，对人类整体购买力GDP影响不大。自然资源价格的上涨，一般只导致人类整体汇率GDP增加，而一般不会提高购买力GDP，甚至还可能使购买力GDP下降（下降幅度一般不大，可以忽略）。反之亦然。

自然资源价格的变化，对人类整体GDP的影响虽不大，但会对局部地区产生截然不同的影响效果。在自然资源多余的地方（除了满足自己之外，还可以出口自然资源的地方），自然资源价格的上涨，可以导致汇率GDP明显上升，还可以提高购买力GDP。在自然资源不足的地区（不能满足自己需求，需要进口自然资源的地方），自然资源价格上涨会使汇率GDP跟着上升，但是购买力GDP会下降一些，下降部分其实就是自然资源多余地区购买力GDP上升的部分。这就是人类生产的财富按照市场规则，通过自然资源贸易模式获得转移的结果。自然资源价格的变化，主要影响就是促使财富转移幅度发生改变。

比如石油价格的变化，会导致财富在不同地区间转移，石油价格上涨会导致进口石油地区向出口石油地区转移更多自己生产的财富，石油价格下降会导致进口石油地区减少向出口石油地区转移财富的规模。石油价格的上涨会提高人类汇率GDP总额，但对人类总体购买力影响不大，只会对局部地区的购买力影响较大。石油出口地区的购买力会增加，石油进口地区的购买力会下降。石油出口地区的汇率GDP也会随着石油价格上涨而上升，石油进口地区的汇率GDP也会随着石油价格上涨而上升。随着石油价格上涨，石油进口地区汇率GDP增加的总额等于石油出口地区汇率GDP增加的总额。由于石油进口地区与石油出口地区人口数量不一样，这会导致人均汇率GDP增加的数额不一样。哪个地区人口数量多，哪个地区人均汇率GDP增加的数额就小一些。

自然资源因素对局部地区人均富裕程度的影响是：加大资源多余地区的富裕程度，降低资源不足地区的富裕程度。自然资源多余地区因自然资源因素而增加的财富等于自然资源不足地区因自然资源因素而减少的财富。自然资源多余地区人均富裕程度等于人均生产的财富加上因资源因素而转移过来的财富，自然资源不足地区人均富裕程度等于人均生产的财富减去因资源因素而转移走的财富。

假如石油资源多的地区，人均石油资源暴利（扣除劳动费用或正常资本利润或正常税费后的收益）为1万美元，如果该地区人均劳动生产的财富为1万美元，那么人均总财富就是2万美元（这2万美元就是这里的人均购买力）。同理，假如石油资源不足的地区人均付出的石油资源暴利是0.1万美元，如果自己人均劳动生产财富为1万美元，那么该地区人均总财富就是二者之差，等于0.9万美元。

出售自然资源因素可以迅速提高人均收入，其提高量等于自然资源的人均暴利。自然资源对经济发展的持久帮助在于，可以提高资本投资率，进而提高经济增长速度。比如人均石油收益1万美元的地区，可以把这1万美元的大部分作为资本投资，提高经济运行效率，从而提高经济发展速度。自然资源的暴利用于投资，等效于提高了人均储蓄率，可以促使经济发展速度提高，这是资源丰富地区经济发展速度比较快的根本原因。

挪威与其他北欧类似国家、科威特与类似民族构成的其他阿拉伯国家的富裕状况的对比，可以印证上面的结论。

沙特阿拉伯是世界上最大的石油出口国，2008年人均GDP1.7万多美元，2009年1.45万亿美元，2010年1.7万美元，2011年2.4万美元。其人均GDP随着国际石油价格波动而波动，石油价格的上涨会促使其人均GDP跟着上涨，石油价格的下降会导致其人均GDP跟着下降。其人均GDP的增减量基本等于人均石油出口收入的增减量。沙特阿拉伯人均GDP相对非石油出口阿拉伯国家的人均GDP高出近万美元，这基本来源于沙特阿拉伯人均近万美元的石油出口因素。

自然资源因素可以影响财富的生产效率，导致财富在不同人群之间的转移。自然资源因素的变化，可以促使人均富裕程度跟着变化，这种改变主要是短期的。假如某个国家自然资源一直比较丰富，那这类丰富的自然资源通常只能短期提高经济发展速度，进而提高人均收入，但是不会长期影响经济发展速度，这个国家的经济发展速度并不会因为自然资源因素而长期保持较快水平。

延伸阅读：恰当的稀土出口策略

我国占有世界上大部分稀土资源，这是重要的资源优势，应该加以很好的利用。可是，中国的稀土政策刚一收紧，就带来了国际贸易纠纷。这显示了我们的政策制定者缺乏水平，要么不做，要么过激。我们既然加入了世界贸易组织，当然要遵守贸易规则。维护我们利益的办法很多，完全不需要引起国际贸易纠纷。

笔者设想的稀土政策应该这样的：首先，加强稀土开采地区的环境保护力度，适当征收环境保护税。这个税收额度要能够弥补开采稀土资源对环境破坏带来的可能损失价值。其次，对稀土资源开采征收自然资源税。对这两种税收任何国家都无话可说。第三，适当征收稀土出口关税。我国在稀土出口方面，可以征收三种税收，环境税、资源税、增值税。这三种税收都不违背世界贸易规则。但注意在征收出口关税时不宜过高，否则导致走私泛滥，起不到高关税想达到的效果。

如果以上政策力度依然不够，国家还有其他办法控制稀土资源开采。比如，把部分稀土资源分布区规划成自然保护区，在这些划定的区域内，禁止开采任何自然资源。还可以把部分稀土矿区域转变成军事禁区，减少开发。这个难度比较大，需要军方配合。这些措施可以减少稀土资源的开采，减少供给并增加稀缺性，提高稀土的价格。

如果还不行，国家可以成立相关机构，主动购买稀土成品，储备起来。此举可以提高稀土的价格，增加出口收益，也不会引起国际贸易纠纷。

人民币升值也可以提高中国稀土出口价格，增加中国企业的收益。

第三节　气候因素对国家富裕状况的影响

> 劳动模式对人们的性格形成有重要影响，什么样的劳动模式决定什么样的性格与文化及智商，从而决定人们的劳动态度、劳动水平以及创造水平。这些因素都在很大程度上影响了人们的富裕状况。

气候中的某些内容属于气候资源，是自然资源的一部分，如阳光、温度、降水等。这些自然资源本身就是很有价值的，它们的多少会对国家经济状况也产生影响。

气候对国家状况的最主要影响是通过气候与地形地势状况影响人的天赋。一个国家或民族的人均天赋水平由人们长期的进化状况决定，一方水土养一方人。尤其是古代，什么样的自然环境决定了生活在其中的人类进行什么样的生产活动；而什么样的生产活动，又决定了进化出什么样的民族。劳动模式对人们的性格形成有重要影响，什么样的劳动模式决定什么样的性格与文化及智商，从而决定人们的劳动态度、劳动水平以及创造水平。这些因素都在很大程度上影响了人们的富裕状况。

气候通过影响农业的发展，可以较大程度影响人口密度。在不是新移民的地区，较好的气候区域会有利于种植业的发展，这样区域的人口密度一般就比较大。因此，气候可以通过影响人口密度而影响经济发展。

某些气候不利于进行社会生产，也不利于人们生活，在这样的区域生存，成本一般比较高。在其他条件相同时，气候的不利因素会不利于当地经济发展。

在这些环境恶劣地区，人均其他自然资源拥有量一般比较多（因为人口稀少，而人口稀少的原因，一般是气候恶劣所致），可虽然拥有人均自然资源优势，也难以弥补恶劣气候以及由此导致的人口的稀少带来的不利因素。不利的气候是某些国家贫困的原因之一，更是许多国家内部某些地区贫困的原因之一。比如我国的西藏之所以相对贫困，原因之一就是气候过于恶劣。户外工程在许多地区一年内可以干10个月左右，而在西藏只能做很短时间，这不利于基础设施建设，也不利于经济发展。在这样的地区，人们在许多时候都会由于气候恶劣无法劳动，这是一种巨大的劳动力浪费。气候资源作为一种自然资源，越恶劣意味着越不利于经济发展。

某些极端气候，还会导致某些灾害发生，带来各种经济损失，更不利于经济发展。

延伸阅读：自然灾害对经济的影响

自然灾害对农业经济的影响主要是：在农民努力程度相同的条件下，使农作物的收获减少，从而使整个社会的财富减少。在农业贸易全国化的现代社会，只要不是明显的全国性的自然灾害，对国家市场农产品的价格影响都很小，几乎可以忽略不计。以粮食为例，由于农民以及国家都有储备粮食的习惯，粮食也能很方便地被储备，因此一般的农业自然灾害，对局部地区或全国的粮食价格几乎没有影响。全国年均受灾害水平一般差别不大，这是中国作为一个大国在农业自然灾害方面的特色。可是，地区性自然灾害会对局部经济影响比较大，严重降低受灾地区农民的收益及购买力，使局部地区产生经济疲软。

相对于粮食，各种副食品的价格受到自然灾害的影响较大，特别是蔬菜价格更容易受到自然灾害的影响。局部地区的自然灾害会拉高蔬菜价格，增加局部地区人口在蔬菜方面的消费成本，降低生活质量。

瘟疫会对肉类价格产生重要影响，损害农民利益，同时也损害消费者利益。肉类价格的上涨，会降低国民的生活质量。在考虑物价因素以后，还会降低GDP。

全国性的农业自然灾害虽然可能会导致粮食价格上涨，提高物价，但是，很可能对农民的收益影响不大，甚至还会增加其收入。因为粮食价格会有一定程度的上涨。全国性的自然灾害还会降低国民的生活质量；在考虑物价因素以后，还会降低GDP。

大的水灾、雪灾等会堵塞交通，影响经济交流，也会带来局部地区生产、生活困难，从而引起需求与供给暂时减少，扰乱市场，增大失业率，带来暂时的经济困难。还会导致全国失业率增大，经济暂时趋向疲软。灾后重建家园可能会使受灾地区的消费结构获得重大改变，有些产业因此而受益，但总体上对各产业的危害大于益处，不利于国家的经济发展。而且大灾还会导致受灾地区人口消费尤其是奢侈品消费长期萎缩。这些受灾人口的储蓄会被大量消耗。基础设施的被毁坏也会导致经济运行效率的下降，受灾家庭的经济损失也会降低受灾地区的社会运行效率，从而拉低全国的平均经济运行效率，降低GDP的增长速度。大量资金进入受灾地区，若物资供应没有跟上还会导致物价上涨。

在其他条件相同时，较多的自然灾害会降低国家经济发展速度。如经常发生地震的国家或地区，在没有发生地震时，人们需要未雨绸缪，比如在建设工程时，就要考虑如何防震，这样建设成本必然会增大。地震越频繁、强度越大，工程的防震级别就越高，建设相同的工程就需要更多的钱。这是日本房价比较高的原因之一。

发生地震后，会带来人员及财产的损失，毁灭以前积累的财富，降低人们的富裕程度，不利于经济发展。所以，国家在大震后应适当增加货币供应，以尽量降低经济疲软程度。

大国在应付自然灾害上，具有明显的优势，不但救援能力更强，还能更大限度地减少自然灾害对全国经济的影响，主要是可以减少自然灾害导致的市场结构或市场消费的暂时变化带来的危害。大国可以减小这种市场变化幅度，既有能力及时满足受灾地区的各种需求，又有能力提供广大的市场，满足原来企业的市场需求，减缓国家经济的波动幅度。小国就没有这样优势了，需要承受自然灾害带来的明显市场供需变化的危害。

第四节 几个社会因素对国家经济发展的影响

稳定的社会有利于人心安定，增强人们的生存信心和人际互信，提高社会与经济的运行效率。社会的稳定程度与经济发展速度成一定的正向关系。

1. 战争因素

战争因素对经济发展的影响，绝对表现上一般是负作用，但相对表现上，则有正作用也有负作用。相较而言，战争对吃亏大的国家是负作用，对吃亏小的国家则是正作用。战争一般发生在少数国家之间，许多国家不参与。这些不参与的国家，相对发生战争的国家在经济发展方面会更有优势。

战争毁灭人力与财富，制造饥荒与瘟疫，耽误经济发展，属于阻碍经济发展的重要因素，其频繁程度也是影响各国经济表现的重要因素。

2. 社会的稳定程度

比较稳定的社会，有利于政策的持久推行以及经济与社会的长远发展。稳定的社会有利于人心安定，增强人们的生存信心和人际互信，提高社会与经济的运行效率。社会的稳定程度与经济发展速度成一定的正向关系。社会福利、战争因素、民族人口比例构成、男女比例平衡及人口年龄构成等也会影响社会稳定程度。此外，社会制度因素也会影响社会的稳定程度。

3. 援助因素

现代国际社会存在一些援助与被援助现象，毫无疑问，援助国会损失财富，而被援助国则会增加财富。对于发展中的援助国，对外援助不但会降低本国人口的生活质量，还会降低该国的经济发展速度。当然，如果援助金额占援助国GDP的比例不大，则这些影响会比较小。对于发达国家，援助别国基本不影响本国的经济发展速度，但在一定程度上会影响国民的生活质量。

由于接受援助的国家一般是发展中国家，因此援助对其起着提高经济发展速度、提高国民生活质量的作用。

4. 投资率与科技发展速度

影响国家长期经济发展速度的因素主要是投资率与科学技术发展速度。投资率与国民储蓄天赋或平均智商有关，也与社会福利制度有关，还与人口结构有关。科学技术的发展速度与国民智商有关，也与国民智力的开发程度有关。国民智力的开发程度主要与社会制度有关，主要与社会制度是否重视教育或科技发展的程度以及国民思想的自由程度有关。社会制度还会影响人们追求科研的动力，比如恰当的专利制度可以激发科研的激情，有利于促进科技的发展。

在其他前提条件相同时，科学技术的发展速度与人口数量成正比，人口数量是影响科学技术发展速度的重要因素。这些能影响科学技术发展速度的因素以及能影响储蓄率的因素都可以长期影响经济发展速度。除此之外的影响经济状况的因素主要是通过短期影响经济发展速度影响人们的收入水平（富裕水平）。

延伸阅读：人口天赋因素应是投资者考虑的重要因素

国际资本进行全球投资时，往往忽略人口天赋因素对经济发展的影响，这增加了投资失败的概率，总体上降低了投资效益。

国际资本在进行投资时，不但要考虑社会制度或文化习俗因素，还要考虑人口天赋因素。一个国家或地区的人口天赋因素，对投资的成功率有很大影响。

人口天赋因素包含很多内容，对经济可产生重大影响的主要有智商因素、勤劳程度因素、节俭程度因素等。

智商因素影响劳动力的劳动效率以及企业中下层管理的效率效果。智商高的人口会很快成为熟练劳动者，也能很快适应各种管理甚至可以参与管理，使管理活动变得简单、容易。勤劳程度因素影响劳动力价格以及劳动效率，勤劳人口不但愿意用更多的时间进行劳动，而且能在相同时间内做出更多的劳动成果。国民节俭程度会影响国家的整体投资率，而对具体的投资影响不大，故投资者可以暂不考虑。此外，性格等因素也会影响投资效果，比如粗暴、暴力的性格会对投资产生较大的潜在危害，过于不安分的性格会影响对企业的忠诚度等。

从人口天赋看，东亚农耕人口是世界上最佳的企业员工，能给投资者带来较多的稳定回报。南亚或东南亚部分地区以及非洲一些国家，虽然劳动力名义价格比中国等东亚国家低，但如果考虑到人口天赋因素，其真实的劳动力成本是较高的。只有当中国等东亚国家的劳动力价格远高于东南亚或南亚及非洲时，后者的劳动力价格才拥有竞争力。

所以中国的沿海企业尤其是劳动密集型企业在向外转移时需要高度谨慎，要认真考虑被转移国的劳动力的人口天赋。

东南亚的越南人口经济天赋也较高，随着社会制度的改善，越南也许会成为良好的国际投资之地。

第五节 国家内部各地贫富差异与什么有关

> 在有些国家，不同地区人口的种族构成差别很大。地区种族构成的不同，导致了人口平均经济天赋的不同，进而导致大家的经济表现不同、创造财富的能力不同。

国家内部各地区之间的贫富差异与什么有关呢？

第一，与社会制度有关。限制人口（劳动力）自由流动的社会制度，会明显拉大各地区国民收入差异，这是中国大陆内部地区之间富裕程度较有大差异的主要原因。世界绝大部分国家都没有对人口自由流动进行限制。

第二，与国家面积有关。在其他所有前提条件相同时，国家内部不同地区之间的贫富差距与国家面积大小成正向关系。国家面积越大，地区之间的贫富差距就趋向于越大，这来源于平均交通成本的差异。人口的流动成本与距离成正向关系。如果不考虑感情因素，地区之间的最大贫富差距大小应该等于地区之间人口流动的平均交通成本。交通成本一般包括交通费用、时间成本及部分食宿成本等。

第三，与国民的文化习俗或传统习惯有一定关系。背井离乡也是一种感情成本，这种成本因人而异、因群体而异。这个感情成本也会影响地区富裕差异，平均感情成本越大，地区的贫富差异就越大。

背井离乡的平均感情成本与距离有关，距离越远，背井离乡的平均成本就越大。背井离乡的成本，主要取决于国民的文化习俗或传统习惯或国民天赋，也与科学技术有一定关系。交通工具的改进，通信工具的改进、都会降低背井离乡的平均感情成本。

第四，与地区之间文化习俗或传统习惯以及语言差异程度有一定关系。地区之间文化习俗或传统习惯以及语言差异越小，越有利于人口的自由流动，人口流动的不适应成本就越小。这有些类似于背井离乡的感情成本。这种成本也加大了地区之间的贫富差异。

第五，与地区之间人口的平均经济天赋差异有关。在有些国家，不同地区人口的种族构成差别很大。地区种族构成的不同，导致了人口平均经济天赋的不同，进而导致大家的经济表现不同、创造财富的能力不同。这个因素也会较大地影响地区之间的贫富差异。

在东南亚国家中，华裔人口比例大的地区一般比华裔人口比例小的地区要富裕一些。这就是地区种族构成的不同导致地区间人口平均经济天赋的不同，最终导致富裕程度不同的例子。

延伸阅读：大市场对区域优势增强的作用

大市场有利于增强区域优势，可以使已有优势继续增强，甚至可以使局部微弱的优势变得越来越强大。大市场还有利于区域分工。

中国现在已经形成许多区域性的分工，各个区域进行着规模庞大的不同生产行为，与其他区域进行互补，同时使本区域的优势得以充分体现。随着中国交通的改善，许多生产行为会更加具有区域性，某些区域的优势内容也会被更充分地体现出来。

比如由于气候优势，新疆的瓜果和棉花拥有庞大的全国市场，所以新疆可以通过大规模发展瓜果生产和棉花种植等来提升本地区经济优势。

再比如酒类生产。由于国内具有庞大的酒类市场，故某些适合进行酒类生产的地区就可据此获得丰厚收入，形成本地的特色优势。中国的好酒，一般集中在四川、贵州等地，可能与当地的气候、土壤、酿酒工艺等有关。不论是什么原因，中国庞大的人口市场都有利于这些地区酒类生产优势的充分体现。

烟的生产也具有区域性。某些地区能生产出好烟，而有些地区则不能。而庞大的国内市场同样可以使适合烟草种植的局部地区的相对优势获得增强。

中国北方区域城镇分布着许多山西刀削面馆。开山西刀削面馆的人，一开始都来自山西某个县。这个县的人口具有刀削面技术，而中国庞大的市场可以让这个县的刀削面技术优势充分体现出来。重庆的火锅开遍全国，也是这个道理。

中国还有许多号称××中心的地方，这些地方集中了大量的同类生产，这其实也是区域优势的体现。中国的大市场，进一步加强了区域优势的体现程度。

第六节　成为二流富裕国家的一个模式

> 旅游是人类逐渐富裕以后才考虑的消费内容。因此，在富裕程度差别一定时，世界旅游业的消费规模取决于世界的平均富裕程度，尤其是游客出发国家的富裕程度。

对于地理位置不错的小国，靠旅游业实现相对富裕也是可能的，这类国家主要分布在加勒比海地区、太平洋、印度洋的一些岛上。在印度洋中，著名的有马尔代夫（2013年人均GDP7098美元）、塞舌尔（2013年人均GDP12207美元）、毛里求斯（2013年人均GDP9307美元）等，都是局部地区最富裕的国家之一。马尔代夫是南亚人均最富裕国家，塞舌尔曾经是非洲最富裕国家，毛里求斯曾经是非洲第二富裕国家。这些国家虽然是局部地区的富裕国家，但是与世界上最富裕的国家群体——一流发达国家相比要逊色一些，因此，把它们称为二流富裕国家。这些二流富裕国家在国际社会中，从地位上说属于三流国家。

自然风光等是一种自然资源，确切地说是旅游资源，如果开发得好，也是可以带来财富的。靠旅游业富裕的国家，其实就是出口了旅游资源与劳动服务。

旅游是人类逐渐富裕以后才考虑的消费内容。因此，在富裕程度差别一定时，世界旅游业的消费规模取决于世界的平均富裕程度，尤其是游客出发国家的富裕程度。这些表述是假设世界人口总量一定时的情况。完整的表述应该是：在其他条件一定时，在富裕程度差别一定时，世界旅游业消费的规模与世界人口的平均富裕程度成正向关系，与世界人口总量成正比关系。

游客一般首选在本国消费，或者说以本国消费为主。去国外旅游在发达国家占的消费比例也不小。因为相对来说，国外消费成本更低一些。

之前我们举过巴哈马的例子。可以说，巴哈马的富裕程度由美国与加拿大共同决定。巴哈马人依赖旅游休闲收入，所以它的富裕程度主要由其他国家尤其是美、加的富裕程度与人口数量决定。其他靠旅游而富裕的国家也与巴哈马境况类似。

假如美国人口数量减少一半，人均富裕程度不变，则加勒比海地区许多国家都会降低富裕程度。加勒比海地区许多国家与美国在富裕程度上具有连带关系，且是单向连带。美国可以影响加勒比海地区许多国家的富裕程度，而加勒比海地区的这些国家对美国的富裕程度几乎没有什么影响。

欧美国家的海外飞地一般也是靠旅游业而富裕，其富裕程度由母国主体的富裕程度决定。这类飞地的经济发展有两大优势：一是来去方便，因为与母国属于一个国家，没有了出国的麻烦，但这只是一个小优势。更大的相对优势是，劳动力可以自由流动，这导致这些飞地的富裕程度与母国主体是一样的。比如美国的夏威夷，其人均收入与美国其他地方几乎一样，因为夏威夷人可以在美国自由流动。

第七节 拉丁美洲拉美化的原因

拉丁美洲一些国家经济高速发展了一段时间后就放缓慢了，甚至出现了危机。主要是因为什么呢？原因主要是拉丁美洲人口的文化与性格天赋所致。

不少拉美国家大量借款，而这些钱的运用效率并不高。最重要的是，拉丁美洲国民没什么储蓄习惯，通常挣多少就花多少，国民的平均储蓄率非常低，资本的投资主要来自国外，靠政府借外债投资以及外国直接来投资。在刚开始阶段，投资者能赚较多的钱，可当来自国外的投资越来越多时，投资收益会下降，投资者就会选择退出。

先是外国的私人投资者赚钱以后逐渐退出，然后是国内的投资者也急着退出，如此一来，各种东西价格（包括各种资产、工厂、房地产等）开始迅速下降，股票市场迅速崩溃。因为没有储蓄习惯，所以人们一下子没钱花了。国家投资的许多基础设施，由于税收大量减少，有些连欠款也还不上了。货币迅速贬值，国家出现经济危机。

虽然大部分拉美国家的经济表现没有达到崩溃的程度，但是经济迅速发展的劲头却都消失了。由于没有外国资本进来，而本国民众又没有储蓄的习惯，所以发展缓慢就成了必然的趋势，使大部分国家经济进入缓慢发展或者停滞期。

为什么拉丁美洲的人口没有储蓄习惯呢？可能与拉丁美洲的文化与人口天赋性格导致的热爱消费的特点有关。

所谓的拉美化，其实本质上是人们的低储蓄率导致的经济缓慢发展，主要不是外国投资者撤离的原因。相反，是外国投资者使拉丁美洲的许多国家拥有了一个相对较高速的经济发展时期。如果拉丁美洲的储蓄率不提高，其经济发展速度是很难恢复曾经水平的。

如果一个国家仅仅是储蓄率较低，那还可以吸收国外资本的发展。这样只是总投资相对较少，总体经济发展速度会慢一些而已。可如果一个国家的人口不爱劳动，那这个国家的劳动力价格就会相对较贵，单位资本的收益就较低，吸引国外资本的能力就较差，这个国家的经济发展速度会更慢。拉丁美洲国家的人基本符合储蓄率低又不爱工作这两个条件，这也是拉丁美洲拉美化的重要原因。

拉丁美洲国家内部种族构成复杂，人群富裕程度差别较大，不利于社会的稳定；国民性情不够温和，容易暴力，这也是拉丁美洲社会秩序不好的重要原因。

拉丁美洲产业难以升级的主要原因是人口经济天赋不高，这导致拉丁美洲国家在科技产业方面难以发展，很难实现产业升级。没有勤劳的国民，就产生不了一流的产业工人，就难以发展一流的产业。

拉丁美洲部分较小的国家已经通过国际产业分工，靠发展旅游业实现较高富裕，基本达到二流发达国家的水平。但是拉丁美洲的大国该怎么办呢？如何实现二流发达国家的水平？

产权私有化、社会法制化、对外开放，是拉丁美洲国家经济发展的最佳选择。

拉丁美洲国家汇率GDP大幅波动的周期与经济周期类似。拉丁美洲靠吸引外资与贷款获得经济的发展，并促使外币（美元）充裕，导致本国货币逐渐被高估，此时这些国家的汇率GDP比较高。经济遇到困难时，资本赢利减少，外资减少，外币流失，特别是投机性的外币资本流失速度更快。这些国家还需要还款，新的借款行为就变得困难起来，导致这些国家缺乏外币（美元）。本币挺不住了，就会大幅贬值，导致这些国家的汇率GDP大幅下降。这是这些国家的汇率GDP大幅度波动的原因。

汇率的大幅度波动除了对汇率GDP影响较大外，还有很多其他经济影响。比如，在自由汇率市场条件下，汇率上升，也就是货币升值的经济繁荣时期，不仅就业容易，而且国民购买力也高，经济发展速度快。可当汇率下降，也就是货币贬值时，此时经济疲软时期、经济衰退，失业率增大，国民购买力下降，经济发展速度就会变慢，甚至出现负增长。也从另一个角度显示，如果我们主动低估本国货币是不明智的，是不利于经济繁荣的。

第八节　阿根廷与母国西班牙、意大利的经济对比

阿根廷面积277.6万平方千米，2013年人口4170万，人口密度为15人每平方千米。2013年的人均GDP（国内生产总值）12019美元。西班牙面积50.59万平方千米，2013年人口4850万，人口密度为96人每平方千米。2013年人均GDP为30108美元。意大利面积30.1万平方千米，2013年人口6200万，人口密度为207人每平方千米。2013年人均GDP34034美元。西班牙和意大利都曾是阿根廷的母国。

阿根廷官方语言为西班牙语，白种人占97%，多属意大利和西班牙后裔，其他人种占3%，与南欧国家人口构成类似、社会文化类似、语言类似，是很纯的白人移民国家。阿根廷人均GDP不足母国的40%，原因会是什么呢?

阿根廷自然资源丰富，人口密度约不足西班牙的16%，不足

意大利的7.3%。按照计划生育富裕理论，阿根廷应该比南欧国家富裕，为什么不是这样的呢？这种现象证明阿根廷经济表现逊色的原因，至少不是人均自然资源少的因素所致，可以首先把这个因素排除掉。

阿根廷缺乏足够规模的中产阶级与高智商的精英集团，这导致整个国家容易在政治上表现得不够成熟，在民主制度条件下尤其容易被煽动。

意大利南北差异明显，现代意大利南部人均GDP只是北部人均GDP的一半多一点，这主要是意大利南北人口天赋差异所致。西班牙人口经济天赋水平整体不如意大利，阿根廷人口天赋比较类似于意大利南部或西班牙人口天赋水平，甚至要略低一些。阿根廷人均GDP应该类似于意大利南部人均GDP，按照意大利南北人均GDP差异情况，这意味着阿根廷人均GDP水平大约是意大利北部人均GDP水平的一半。意大利北部人均GDP水平也就是德国、奥地利的人均GDP水平，这是一流发达国家的人均GDP水平。阿根廷按照理想发展状况，也只是能达到比一流发达国家次一些的二流发达国家水平。

意大利与西班牙都是欧盟成员，欧盟是世界第一大市场，这应该是意大利及西班牙相对阿根廷富裕的另一个原因。阿根廷的市场规模相对小得很，这影响了阿根廷的经济发展。欧元效应也能提高意大利与西班牙的汇率GDP，这是意大利及西班牙相对阿根廷GDP较高的又一个原因。与世界人口重心的距离，会影响外贸成本，也会影响汇率GDP，这个因素也不利于远离世界经济重心的阿根廷。

意大利与西班牙接近世界文明中心，有利于意大利与西班牙接受先进的思想文化，使意大利与西班牙少走弯路，比如在社会制度上少走弯路。阿根廷则缺少这个优势。

如果把阿根廷与墨西哥的地理位置换一下，紧邻美国的阿根廷会比现在的墨西哥富裕一些，可能会达到二流发达国家的经济水平。

第九节　蒙古国经济发展的劣势和优势

蒙古国面积156.6万平方千米，人口290万（2013年），是世界上人口最稀少的国家之一。

蒙古国经济发展的劣势主要有如下几个方面。

第一，人的因素。这是影响蒙古国经济发展的主要因素，包括国民经济天赋、勤劳程度天赋等。为了避开种族天赋这种敏感问题，在这里不多说。

第二，人口规模因素。蒙古国由于气候恶劣，导致人口总量较少，纵有广大的土地面积，也难以形成较大人口总量。而没有较大的人口总量，也就没有较大的国内市场，对于追求规模效益的现代企业发展很不利，严重阻碍了蒙古国的经济发展。

第三，人口密度因素。极低的人口密度导致蒙古国人均交通成本、通信成本、贸易成本很高，降低了经济效益，也带来交通、通信的不便，对蒙古国人民的生活、生产都很不利。蒙古国人口稀少很大程度上是由于自然环境恶劣所致。

第四，内陆国因素导致蒙古国与其他国家交往不便，不利于蒙古国的对外贸易。作为一个经济上的小国，对外贸易对经济发展非常重要，而蒙古国却与外国交往不便，这确实是较大劣势。而离海较远，又进一步加剧了内陆国蒙古的外贸困难，对它输出资源或进口商品都很不利。

第五，与蒙古国相邻区域的人口稀少。蒙古国北部的俄罗斯部分，人口同样稀少，蒙古国南部的与中国相邻的区域，人口也不算稠密。这些都不利于蒙古国获得周围人口的规模效益。

而蒙古国经济发展的有利因素也有不少。如蒙古国从计划经济走向了市场经济，这提高了蒙古国经济发展的自由度。由于人口稀少，故蒙古国的人均自然资源丰富，可以通过出售自然资源发展经济。蒙古国的另一大优势是，紧临人口众多的中国，这可以在一定程度上提升蒙古国自然资源的价格，也可以融入、利用庞大的中国市场。

第十节 太平洋岛国的发展困局

太平洋的各个小岛国，由于孤悬海上，远离世界人口重心，自己本身又面积狭小，人口也少，形不成人口的规模效益，因此纵有广大的海域、丰富的渔业资源和较先进的社会制度，经济发展依然相对缓慢。

不过这些小岛国都在充分利用各种条件，想方设法发展经济。有大力发展渔业的，有大力发展旅游业的，甚至还有卖鸟粪的。卖鸟粪的瑙鲁还形成了规模效益，成为相对富裕的国家。

如果这些国家不想方设法、另辟蹊径发展，它们能搞些什么呢？搞钢铁厂吗？不可能；造电视吗？也不太可能。总之这些小岛国发展任何大规模工业都是困难的，最多只能发展一些手工业，制成一些手工品，卖给外国的旅游者。这里人口的收入也要比其他人口多的地方低一些。不是他们不努力，而是他们居住的地方，人口数量实在太少，没人买东西，自然难以富裕。

有人说，这些小岛国现在都比中国富裕，但不能这么比较。中国的情况是特殊的，现在相对落后一些，是由于我们曾经的失误所致。而太平洋的小岛国，社会制度比较先进，常常得到外来援助，也几乎没有什么战争，有一些国家甚至连军队也没有，但依然很难特别富裕的原因，就是没有形成人口规模效益。随着中国改革开放的进一步深入，国民的富裕程度是可以超过它们的。

而且，这些国家未来的富裕程度会越来越受到中国未来富裕程度的影响。如果中国未来可以高度富裕，这些国家也可以受益，甚至靠大量吸引来自中国的游客即可过上比较富裕的生活。另外，如果这些国家允许出售岛屿，东亚会有愿意出大价钱购买它们小岛的国家和个人，这些小岛国就更不用愁钱了。

第十一节　台湾地区近期经济增长缓慢的原因

我国台湾地区经历了一段时间的经济腾飞之后，近期进入了缓慢发展阶段，其特点与日本经济周期类似，但又有所不同。

类似之处在于，日本经济发展趋缓的根本原因是日本经济已经实现高度现代化（20世纪80年代日本已经成为一流发达国家，经济发展成熟了），此后的经济发展主要取决于科学技术的前进速度；同理，台湾地区经济进入缓慢发展时期的原因，也是由于其经济已经接近高度现代化，可以追赶的空间不多了，经济难以继续快速发展了。

可与日本不同的是，台湾并没有陷入经济停滞，而是仍旧缓慢发展，原因可总结如下。

第一，日本经济是一鼓作气通过经济腾飞过程迅速达到顶峰，而台湾地区的经济没有达到顶峰，只是接近顶峰，这使得台湾经济继续发展的潜力略大一些，故近期的发展速度也要略高一些。

第二，人口结构的不同，日本社会的老龄化程度比台湾地区更严重一些。通常而言，老龄化程度越严重，一个国家的发展速度就越慢。

那么，为什么台湾地区经过经济腾飞后只接近顶峰，而没有达到顶峰呢？

首先，因为与日本相比，台湾经济体较为狭小，规模效益小，惯性也小，不具备日本的发展优势。此外，台湾经济没有到顶也与台币没有经过足够升值有关。日本经济体庞大，外贸顺差巨大，对世界的影响大，受到的外来压力（主要来自美国）也大，这导致日元升值幅度大，日本人均汇率GDP达到世界前列。较高的人均汇率GDP，可以淘汰日本的落后产业，迫使日本产业更新换代，从而将日本经济推向世界经济顶峰。而我国台湾地区经济规模小，外贸顺差虽然比例大，但是总额比日本小得多，故没有受到强大的升值压力，导致台币升值幅度小，台湾人均汇率GDP难以达到较高水平。就这样，台币处于严重被低估状态，一定程度上导致低效率生产难以被淘汰，使台湾经济或社会的运行效率难以处于最高阶段。

如果台湾地区选择类似日本一样的货币升值状态或幅度，其人均汇率GDP完全可以达到日本的水平，进入世界前列。然后其经济状况也会与日本类似，进入停滞状态。但台湾没有选择这条路子，而是保持接近世界前列的收入或消费水平，使得经济可以缓慢发展。

延伸阅读：令人吃惊的台湾地区人均购买力GDP

在国际货币基金组织统计的2010年世界各国或地区GDP排名中，中国大陆GDP总量已经超过日本，成为一大亮点。更令人吃惊的是我国台湾地区的人均购买力GDP，排名第21（人均34743美元），超过芬兰（排名22，人均34401美元）、法国23（34092）、日本24（33828）、韩国25（29791）、西班牙26（29651）、意大利27（29418）、以色列28（29404）、希腊29（28833）、塞浦路斯30（28045）等国家或地区。

我国台湾地区汇率GDP排名第37（人均18303美元），而韩国则排名第33（人均20165美元）。

对比人均汇率GDP（用市场汇率计算出来的GDP）与购买力GDP（用购买力平价计算出来GDP）可以知道，在人均汇率GDP较高的情况下，购买力GDP也会较高，二者相差一般不大（在人均汇率GDP较低的情况下，购买力GDP明显相对人均汇率GDP高一些，这也是普遍现象）。但台湾地区购买力GDP与汇率GDP差别却很大，成为很少的例外，这是为什么呢？

人均购买力GDP是生活质量高低的主要标志，人均商品购买力GDP的排名也基本上就是生活质量的排名。台湾地区靠前的人均购买力GDP显示了其较高的生活质量，已经赶上一流发达国家或地区的水平，甚至超过了日本。

台湾的人均购买力GDP相对人均汇率GDP如此之高，原因主要有以下几点。

第一，台湾地区的汇率GDP被严重低估。如果台币的汇率不被低估，台湾的人均汇率GDP完全可以达到3万美元以上，类似西欧发达国家的标准。低估的汇率GDP会促使商品进口价格上涨，民众的综合购买力下降，也即人均购买力GDP下降。所以说，如果台币不被低估，台湾的人均购买力会更强一些。

第二，单位时间的劳动力价格会影响购买力GDP。在去掉汇率低估影响的情况下，我国台湾地区单位时间的劳动力价格比较低，导致其商品价格也比较低，从而衬托得台湾人口的购买力比较高。

第三，台湾人口购买力相对较高的原因可能还由于台湾的农产品市场比较开放，有利于提高整个社会的运行效率。与之形成鲜明对照的是，日本与韩国的农产品市场保护政策，降低了农业运行效率，提高了农产品价格，从而降低了国民购买力。而相对日韩，台湾地区的平原面积多一些，气候也更加暖和，耕地熟次多，因此农产品供应比较充足，自给率比较高，所以没有产生类似于日韩的高强度农业保护政策。

第十二节　劳动人口与寄生人口的富裕关系

假设人类可以分为两类人口，劳动人口与寄生人口，则劳动人口就是靠自己的劳动养活自己或别人的人口，寄生人口就是靠别人的劳动成果养活自己的人口。这里的劳动包括脑力劳动和体力劳动。

财富是劳动者生产的，劳动者的效率取决于生产力，即取决于科学技术或社会发展程度。劳动成果还取决于劳动人口占总人口的比例，劳动人口比例越大，人们可以分享的劳动成果就越多；或者说寄生人口的比例越小，人们可以分享的劳动成果就越多。

寄生是怎样实现的？可以靠亲情实现。劳动人口养活自己的亲人，属于血缘关系带来的自愿行为。也可以靠市场规则实现。掌握自然资源的人口，可以通过出售自然资源换取别人的劳动成果，这符合市场规则和人类基本道德。也可以靠强力实现寄生。部分犯罪分子，通过强力或者欺骗获得别人的劳动成果，这是无耻的寄生，不符合人类的基本道德。

可分享的劳动成果一定时，寄生人口与劳动人口是怎样分配劳动成果的？亲人之间多是根据血缘关系按需分配。靠市场规则实现的寄生，则是按照市场规则分配劳动成果，其对劳动成果的分配权力取决于自然资源的客观价值和稀缺程度，也取决于自己掌握的自然资源份额。此时寄生人口数量越少，人均分配的劳动成果就越多，人均生活质量就越高。故靠自然资源实现寄生的人口，可通过减少人口数量来提升生活质量。比如石油出口国家减少自己人口数量，对提高自己国民的生活质量可以立竿见影。

但这种靠减少人口来实现富裕的理论不适合劳动人口群体。在那些靠劳动富裕的地区，减少人口数量对提高国民生活质量没有帮助。如韩国、日本、我国台湾等东亚地区，由于是靠劳动致富，故减少人口数量反而会降低这些地区的经济发展速度。

如果寄生人口用J代表，劳动人口用L代表，劳动人口人均创造的财富用C表示，总人口用Z表示，则人类创造的总财富为LC，人均分配的财富为LC/（L+J），根据人均分配财富公式，可以感觉到，J越大，人均分配的财富就越少，J越小，人均分配的财富就越多。

第十三节　为什么发展中国家比发达国家经济增长快

2013年9月13日，联合国贸发组织发表报告称，当年发展中国家经济增速为4%～4.5%，远超发达国家1%的增速。而实际上，近几十年的经济发展数据都显示，发展中国家经济发展速度一直比发达国家快一些。

经济发展的动力本质上来源于科学技术、管理技术的改进，以及人口数量（劳动人口）的增长及其带来的人口规模效益或人口密度效益。近几十年来，全球科学技术或管理技术的改进增速大致在2%左右。由于发达国家人口增长趋于停滞，故其人口增长因素对经济发展的影响基本可以忽略，这导致其发展速度多由科学技术或管理技术的改进速度决定，即基本保持在2%附近。

而发展中国家除了可以享受科技或管理技术改进带来的经济

发展收益外，还可以享受人口增长带来的经济发展红利。发展中国家人口增长速度大约为年均2%，加上科技或管理水平提高而贡献的2%，其经济增长速度大约可以达到年均4%。这就导致发展中国家近几十年的经济平均发展速度明显比发达国家快。

20世纪70年代的欧佩克垄断石油供应，导致国际石油价格暴涨，促使欧佩克国家收入大增，也带动了这些发展中国家的经济腾飞。这也从总体上拉高了发展中国家群体的平均经济发展速度。而此时发达国家人口增速开始放缓，部分发达国家经济发展模式趋向成熟，许多国家如日本、德国等国从经济腾飞阶段逐渐实现经济软着陆。这种国际时局开启了一个新时代，即发达国家群体经济发展速度逐渐慢于发展中国家了。

此外，20世纪80年代，中国、印度等发展中国家陆续走向改革开放，并进行了适当的经济体制改革。这两个人口最多的发展中国家的飞速发展，较大地提升了发展中国家整体的经济发展速度。

总之，享受到科技和管理制度改进带来的收益，人口增长速度高于发达国家且社会制度的逐渐改善，是发展中国家近几十年经济增长速度明显高于发达国家的最主要原因。

◀后记▶

作者写在最后的话

这是我多年研究、思考宏观经济学的一次总结。

在本书中，我努力运用所学的经济学知识，把所谓深奥的经济现象，演绎成大家能看得懂的内容。全书几乎没用什么数学知识，也不是生硬翻译过来的内容，高中以上文化程度的人都能看懂。

本书的一些观点可能会与你之前的理解或认识有所不同，可权当为你开启了另一扇观察世界的窗户。读完本书之后，作者不敢承诺你的经济学水平会达到什么高度，但一定会让你对这个社会、对这个世界有新的认识，并能对世界为什么是现在这个样子，做出自己的判断。

本书原有30多万字，因一些内容涉及敏感话题，被编辑删减大半。作者在此郑重声明，我对本书的所有观点和内容独立负责，并欢迎各位读者批评、指正。

图书在版编目（CIP）数据

颠覆你认知的通俗人文经济学/张志国著. —北京：中国发展出版社，2014.7

ISBN 978-7-5177-0175-0

Ⅰ.①颠… Ⅱ. ①张… Ⅲ. ①经济学－通俗读物 Ⅳ. ①F0-49

中国版本图书馆CIP数据核字（2014）第119114号

书　　名：颠覆你认知的通俗人文经济学
著作责任者：张志国
出 版 发 行：中国发展出版社
（北京市西城区百万庄大街16号8层 100037）
标 准 书 号：ISBN 978-7-5177-0175-0
经　销　者：各地新华书店
印　刷　者：北京昌平开拓印刷厂
开　　本：880mm×1000mm　1/32
印　　张：7.75
字　　数：139千字
版　　次：2014 年7月第1版
印　　次：2014年7月第 1次印刷
定　　价：32.00元
联 系 电 话：（010）68990535 68990692
购 书 热 线：（010）68990682 68990686
网 络 订 购：http：//zgfzcbs.tmall.com//
网 购 电 话：（010）68990639 88333349
网　　址：http：//www. develpress. com. cn
电 子 邮 件：fazhan010@126.com
